超级表达力

王佳 著

民主与建设出版社
·北京·

图书在版编目（CIP）数据

超级表达力 / 王佳著 . -- 北京 : 民主与建设出版社 , 2018.7
ISBN 978-7-5139-2155-8

Ⅰ . ①超… Ⅱ . ①王… Ⅲ . ①语言艺术—通俗读物 Ⅳ . ① H019-49

中国版本图书馆 CIP 数据核字 (2018) 第 100354 号

超级表达力
CHAOJI BIAODALI

出 版 人　李声笑
著　　者　王　佳
责任编辑　王　倩
装帧设计　润和佳艺
出版发行　民主与建设出版社有限责任公司
电　　话　（010）59417747　59419778
社　　址　北京市海淀区西三环中路 10 号望海楼 E 座 7 层
邮　　编　100142
印　　刷　固安县保利达印务有限公司
版　　次　2018 年 7 月第 1 版
印　　次　2018 年 7 月第 1 次印刷
开　　本　710mm × 1000mm　1/16
印　　张　14
字　　数　213 千字
书　　号　ISBN 978-7-5139-2155-8
定　　价　45.00 元

引言

这个时代，说话这事儿有多重要

首先，问大家一个问题：如果你现在失去了所有的物质和财产，只能留下一项能力帮你东山再起，你会选什么能力？或许很多人会想：这怎么选啊，自学能力、交际能力、思维能力，少了哪一样都不行呀。事实上，你最该留下的是说话能力。

也许有人很不屑：是人鼻子下面就有一张嘴，有嘴就可以跟人沟通，这谁不会啊？！那么，问题来了，你真的会说话吗？

你是否常常有这样的感觉：从小就被教育成绩要好，成绩最重要，然而，直到大学毕业，进入职场，才第一次开始反思自己是不是不会说话；谈情说爱时，心里明明想得挺好，一开口却支支吾吾连句完整的话都说不出；向领导汇报工作，啰啰嗦嗦一大堆就是说不到重点；同样都是开口说话，别人的表达总能说到他人的心坎上，你却总在说话上吃亏；不知从什么时候开始，你已经不会对身边最熟悉的人好好说话了，“嗯嗯啊啊”地开始敷衍……

无论是在职场上，还是在亲子、两性之间，只要有人与人之间的来往，就会有摩擦、冲突、纠结。渐渐地，我们发现了一个秘密：人生的困扰，说到底，十之八九出在人际关系上，而人际关系的困扰，十之八九是沟通出了问题。所以说，我们绝大多数的纠结与困扰，都来自我们怎么与别人对话。

在林语堂先生看来，说话是一门艺术；在卡耐基的成功学里，说话是一个工具。而在现代社会里，说话则成了一件最划算的事情。

无论你是否相信，语言终究是一件很重要的事情。它教会我们怎样通过高效沟通快速拉近与陌生人之间的距离，教会我们如何倾听、如何提问，教会我们如何观察和理解这个不断变化的现实世界。况且，在成功所需要的一切因素里，相较于出身、机遇、智力、意志品质，我们所能控制的，其实就是“说话”这件小事。

当今社会，不会说话是个大问题，没意识到自己不会说话，是更大的问题。出口伤人、职场遭排挤、客户搞不定、团队带不好、邀约异性失败、关键时刻掉链子、不能和家人好好说话……哪一个不是你经常捶胸顿足的场景？这些问题就出在你不懂如何说话上。而真正会说话的人，无论在何种局势下，都能够通过多样的说话方法，达到自己的说话目的。

当然，《超级表达力》教你的不只是学会说话技巧这么简单，为了成为沟通交流的受益者，你只有彻底转变认知、转变心态，才能掌握沟通的真谛。著名沟通专家威廉·尤瑞的一句话可谓一语中的：“有效沟通不必先学各种话术，最大的障碍也不是对方多难缠，最难说服的对手，就是你自己。”

《超级表达力》一书将帮你重新审视“说话”这件事，通过新鲜、有趣的说话技巧，激发你的交谈潜能，让你在任何时间、任何地点，面对任何人都能能言善辩。最后，我们有理由相信所有阅读本书的人都可以在生活之中学会与人更好地沟通，使人际关系更融洽，让生活更精彩、更有意义。

目录

第一部分　开口说话之前

第二部分 聚集人气的说话之道

第一部分

开口说话之前

任何一场富有魅力、妙语连珠的交谈都始于提前准备，以及对聊天对象及其情况的了解。你对对方的情况越了解，就越能以正确的方式来传达正确的信息。

第一章
交谈之前：未开口就能惊艳全场

想让每个人都喜欢与你交谈，于你而言最重要的一点就是自信。如果交谈的任何一方出现紧张、拘谨、别扭，那在社交过程中都是不恰当、不得体的。

不会说话不是问题，没有自己的态度才是问题

对于如何练就出色的口才，你一定听过很多这样的建议：要看着对方的眼睛；提前想好可能讨论的话题；适时注视、点头，并且用微笑告诉对方，你一直在用心倾听；重复你刚才听到的，或者做总结；等等。

但事实上，想让每个人都喜欢与你交谈，只需要两招：第一，在心态上稍加调整，换个方式面对自己，面对世界；第二，掌握常用的说话技巧，避开常见雷区。而第一招最关键的就是从容与自信，它能帮你构筑亲近的关系。

我们每天都在社会丛林里穿梭，很多人或多或少都存在交谈困难的问题，比如，时常感到害羞、不安，甚至是恐惧。当我们把这种焦虑、紧张、不安的感觉带到一段关系中时，势必会让别人感觉不舒服。就好像一个保险推销员，如果他与别人说话时，总是表现得万分紧张、小心翼翼，用讨好、巴结的口吻对顾客说："女士，您买保险吗？"（这样的潜台词无疑是在说："您赶快拒绝我吧，您不会买我的保险的！"）显然，这个保险推销员根本就不相信对方会买他的保险，他对他卖的产品没有一点信心，是因为他自己根本就没有成交的欲望。

每个人都有自己的纠结与顾虑，只有跳出自我思维的禁锢，拥有自信，才能成为一个很好相处的人，才能灵活自如地应对各种交谈场面。

当今社会，有什么技能会比维持一段连贯、自信的谈话更重要呢？一个人的自信，恰恰来自心灵深处的自我认可。也就是说，你要表现得勇敢、自信，觉得别人肯定喜欢看到你，而且你必须相信——至少也要假装相信——别人很愿意花时间和你聊天。

试想：你准备参加面试，出发前，你的大脑里不断重复着你想要讲的台词，但是一进入面试现场，整个人不由自主地颤抖起来，脑子乱作一团，说话颠三倒四、毫无条理；又或是你遇见了心仪的异性，但是不知道该怎么和对方搭话，当你好不容易张开了嘴，却什么也说不出来。

在这些高压力的社会互动情境当中，我们总是显得焦躁不安，不知道该说些什么，或是该怎么说。尽管我们不断地提醒自己不要紧张，但是仍然无法安定下来。这是因为在每个人的心中，都有一个“魔王”，它禁锢着你的内心，限制你的某些行为或欲望，让你成为一个畏首畏尾的人。为此，我们需要每天对着镜子跟自己说：“不管什么时候，当我谈话时，只要有不好的感觉出现，就要告诉自己‘我会好的’。”

的确，无论你是上台演讲、推销产品，还是与异性相处，比起不断思考该讲些什么，让自己变得越来越敏感，越来越焦虑，倒不如恰到好处地展现出你自信的一面。比如，在面试之前，与其蜷缩在椅子上祈祷，还不如站起来做几个扩胸运动，这将有助于你在面试时表现得更好。

当你像自信的人一样去行动，去讲话，去做事时，自信的表达能真正驱赶走你心中的那份不自信的恐惧。也许一开始你会觉得很不自然，但是只要你给自己积极的暗示，你的言谈举止就会越来越自在。所以，从现在起，想想自己曾经自信满满的时候，记住那种感觉，并且时刻保持着，相信下次你一定能做得更好。

说话之道 →

当面对交谈时的压力、困惑、障碍时，我们难免会丧失气场，怀疑自己的能力，但是你要不断地提醒自己：绝大多数人其实是与人为善、态度良好的，并且愿意给任何人说话的机会。如果你努力活出自信的自己，那么一定会过上带有底气和光亮的生活。

突破自我，别让恐惧困住你的舌头

相信很多人都有过这种体会：在他人面前说话总觉得紧张，结结巴巴的，不能完整表达自己的意思；在与他人相处的过程中，总会有一种有话说不出来的压抑感；当自己置身在陌生的人群中时，其他人都在侃侃而谈，唯独自己沉默寡言，插不上话，恨不得赶快逃离。

很多人之所以一到大庭广众下说话就表现得非常紧张，甚至是恐惧，多半是因为他们过分在意自己的表现，总觉得别人带着有色的眼镜和挑剔的心态，来检视他们说出的每一句话、做出的每一个动作。

毫无疑问，每个人在与他人交往的过程中，都想获得别人的尊重，都希望给对方留下好印象。然而，如果这种期望值过高，就会格外在意自己的表现是否完美、出色，还会担心在众人面前说话时，自己的粗浅、拙劣看法会暴露出来，因此一到人多或是重要的场合，就会表现得特别紧张、局促，根本没有办法把自己的思想顺畅地表达出来。

有这种表现的人应该认真地想一想，其实在大众场合或自己比较在意的说话对象面前，其他人也会有紧张情绪，这是很正常的心理。你要知道，这个世上本来就没有完美的人，因此也不可能有完美的对话。用高标准来要求自己，无异于缘木求鱼。

除此之外，也有一部分人不知道该如何组织说话的内容，这跟儿时的经验与记忆有关。比如，某一次，当你兴致昂扬地想要发表一下自己的意见时，你的父母、老师用“小孩子懂什么，大人讲话，小孩不要插嘴!”“你咬字清楚一点，不然谁听得懂你在说什么！”这样的话打断你，于是，你被吓得赶紧闭嘴。

但是，我们的父母、师长没有想到的是，当你下次遇到类似的情况时，为了避免不被大人责备，不让自己感到惊慌失措，很可能会选择不再说话。因为他们说的话，会变成一种人生的信念深深地植入你的潜意识中，影响你一生的思维方式和行为模式，阻挠你改变现状和突破自我的努力。这样一来，你也就失去了自我表达的机会。时间久了，更是羞于与人接触，羞于在公开场合讲话，宁愿退缩在“壳”里掩饰自己的软弱。

如果这正是阻碍你恐惧说话的根源，那么请从这一刻开始告诉自己：虽然我的父母、师长当时错误的方式对我造成了一些伤害，但是不能再继续成为我前进道路上的阻力。这也是为什么众多的演讲大师或者他们的著作，都不遗余力地告诉我们：要想成为会说话的口才达人，要想克服张口说话的恐惧心理，就必须要更新你的内在语言表达程序，消除或改变你的“思想病毒”，这样才能真正地改变你的说话方式。

当我们不苛求自己能让人人都满意，能容忍自己在交往中出现失误或失态，不过分在意自己的表现，而是追求真诚地与人交往时，紧张情绪自然也就不会发生了。如果你愿意改变，那么从现在开始，请每天大声地对自己说：“我要成为一个会说话的人，轻松地与人交流和相处。”相信一个月后，你的口才一定会发生匪夷所思的改变，欣喜地体验到与人交流、沟通、分享的无穷乐趣。

说话之道 →

很多人在众人面前说话时都会心生胆怯，但是这种胆怯通过平时的训练是可以逐渐缓解的。学会适当遏制自己的胆怯心理，以自信的状态开口，你也可以在最短的时间内和陌生人快乐地交谈并成为朋友。

在众人面前侃侃而谈的秘密：有话可说

不知道你有没有这样的感觉？当你初次来到一个陌生的环境，结交一些陌生人时，你总觉得自己和他们没有共同语言，别人交谈正欢的时候，你往往只能尴尬地杵在那里。或者，当你突然被别人问到一个自己不太熟悉的话题时，一下子变得无所适从、惊慌失措。

在现实生活中，这样的情况总是时有发生。比如，遇到心仪的人，谈着谈着就没话可讲了；在工作中向老板汇报工作时，说着说着就没话说了。俗话说“巧妇难为无米之炊”，如果一个人的脑子里没有丰富的谈资，与人交谈的时候，就会感到言尽词穷，找不到能说的话题。这样的交谈势必会显得枯燥乏味、毫无生趣。所以，事先做好准备，做到有话可说，就显得很有必要。

那么，到底怎样才能充实自己的谈资呢？其实，谈话大多是以生活为中心的，你刚刚看过的报纸、杂志，偶尔翻看的书籍，都可以作为你的储备话题。当然，你还可以从广播、电视、演讲、跟朋友闲谈，搭乘地铁或是在便利店购物时听到的别人的聊天内容中，找到与人聊天的话题。可以说，你不仅要尽可能多地去接触生活的方方面面，还要对外部世界保持持久的热情。

为此，你需要事先准备好你感兴趣的人物、活动、问题等一连串交谈的主题，然后在参加社交或是商务活动之前，认真回忆一下这些谈话主题的内容。也许在实际的交谈过程中，你并不需要提到这些话题，但是在某些特殊的情况下，这些话题往往会帮你应付出乎意料的场面。

如果可以，你还有必要事先了解清楚参加活动的各个成员的背景、生活经历和生活状况，以便在交流中能把话说到对方的心坎里。然后，再就此准备好自己想要表达的重点是什么，并把表达内容梳理清楚，讲话前再反复演练几次。切记，不要去想会达到什么样的效果，你只需要专心做好眼前这件事。事实上，只要一篇文章读8遍以上，你的表达就会轻松顺畅、清晰有条理。

也许你会说，“这不是让我什么都懂吗？”当然不是。我们可以想一想，每一件事情都有它的多面性。如果这一方面你不是很熟悉，那么可以换到自己熟悉或是比较了解的角度来看，效果就会好很多。

任何时候，在心里有个计划，总比什么也没有准备要好。说话也一样，如果没有做好准备，那么一旦轮到你发言，想必你一定会无从开口，一脸茫然。所以，在开口说话之前，你要在心里构建一个大概的提纲，明确说话的主旨，了解自己的观点。当你有了这些信息，再加上几段聊天花絮，几乎就可以从容自信地应对任何交谈场面了。

不过，千万不要生搬硬套事先排练好的“对话”，要知道，大多数沟通是不按常理出牌的，你只需要做到事先了解充足的信息就好。

说话之道 →

为了练就出色的口才，第一前提永远都是肚子里有货。无论是国家大事、自己从事的行业，还是与身边的亲朋好友相关的事，都应该多留心、多关注。当这种积累达到一定程度的时候，无疑会给你带来很多忠实的听众。

微笑，让沟通变得更简单

人与人的沟通效果往往取决于一个人的态度，面带微笑很容易给人带来一种亲近感，让彼此之间的沟通更加融洽。比如，当别人误会你，彼此正尴尬时，给对方一个亲和的微笑，远比“没关系”“我已原谅你了”这样的语言来得更真诚一些。

微笑能有助于传递我们的诚信程度、吸引力、社交能力等方面的积极信息。最关键的是，微笑是世界上最简单而且有效的沟通方式。当你对别人微笑时，别人也会对你微笑。当你由衷地微笑时，你会发现整个世界都在微笑。只有会微笑的人，才能在交往中更受欢迎。

有这样一个故事：

在一个午后，天空突然下起了暴雨，一位老妇人蹒跚地走进一家商场避雨。看到老妇人疲惫的状态和简朴的装束，几乎所有的售货员都对她爱搭不理。

这时，一个叫菲利的售货员微笑着朝老妇人走来，友善地说：“夫人，我能为您做点什么吗？”

老妇人看了年轻人一眼，笑了一下说：“小伙子，谢谢你，我在这里躲会儿雨，等雨停了，我就走。”虽然老妇人口上这么说，但是心里七上八下的，心想：自己又不买人家的东西，却借用人家的屋檐躲雨，这也未免有些不近情理。

老妇人正犹犹豫豫时，那位年轻的售货员又走过来，仍然一脸笑容地对老妇人说：“夫人，您不用为难，我给您搬了一把椅子，您看，就放在这儿，您坐着休息就是了。”

一小时后，终于雨过天晴，老妇人向那个年轻人道谢，并向他要了一张名片，走出了商场。

一个月后，这家商场的总经理收到一封客户来信，在这封信中，客户请求派那个名叫菲利的年轻人前往苏格兰收取一份装潢别墅的订单，并让这个年轻人承包客户家族所属的几个大公司明年办公室用品的采购订单。

总经理看过信后，匆匆一算，惊讶不已，这封信所带来的利益，相当于商场两年的利润总和。后来，他与写信的人取得联系，方才知道，这封信出自不久前在商场躲雨的老妇人之手，而这位老妇人正是美国亿万富翁“钢铁大王”卡内基的母亲。

后来，总经理又把这个叫菲利的年轻人推荐到公司的董事会上。那一年，年仅22岁的菲利就已经成为这家商场的合伙人。随后的几年，菲利以他一贯的忠实和真诚，事业扶摇直上。

一位哲人说过：“当你拥有了微笑，你就同样会拥有成功。”在当今的人际关系与沟通中，微笑可以说是一项最简单，却非常有效的沟通技巧，它能快速地拉近人与人之间的距离。当你不知道该如何展开话题时，微笑就是最好的开端。如果你时刻保持微笑，即便不那么容易沟通的人，也会被你的微笑所感染。

可以说，发自内心的微笑是一个人修养的外在表现，而一个具备良好口才的人，更不会吝惜自己的微笑，他们的微笑就是他们特有的招牌。恰到好处的微笑不仅是善良、友好和赞美的象征，还能让生活变得简单而温暖。

与人交流时，微笑往往比语言更能表达我们的真实想法，而且用微笑传达给别人的东西相比语言会更清晰，更有穿透力。很多时候，发自内心的微笑能够让听众第一时间感受到我们的真诚，从而更容易接受我们的观点。即使我们与他人发生分歧，微笑也会帮助我们通过更加温和的途径来化解矛盾。

当然，微笑看似简单，也需要练习，尤其是当我们因害羞、胆怯、恐惧等原因忘记或是不能自如展示微笑时，更需要用一些小技巧来让我们保持真诚的微笑。不过，即使是练习，你也需要把发自内心的真实情感投入进去，这样你的微笑才不会虚情假意，而是可以让听众感受到我们的真情实感。当然，如果你能时刻保持真诚的微笑，自不必理会这样的练习。

总而言之，微笑是一种简单又非常有效的沟通方式，她更是一笔巨大的无形财富。对于我们每个人来说，嘴角上扬轻而易举，能照亮我们身边所有的人。

说话之道 →

笑是人类的特权。如果你想跟所有人都聊得来，就给他人一个温和的微笑吧。爱笑的人，运气不会太差；爱笑的人，可以让沟通变得更简单。而一个有着良好学识又自信的人的微笑更会成为你的名片，成为你无与伦比的个人品牌。

第二章

非语言沟通：你不可不知的人际交往技巧

美国心理学家艾伯特·梅拉比安曾经说过：“沟通时信息的全部表达来自7%的语调、38%的声音以及55%的肢体语言。”这里，我们把声音和肢体语言都归为非语言交往的符号，那么，在人际交往中，信息沟通就只有7%是由言语进行的。

明明没说话，气场却超强

我们总以为听到的世界才是全部的世界，其实，语言只占了我们交流中很小的一部分。除了语言，你的个人形象也在每天无声地向朋友、同事、老板、客户传递着各种信息。无论你是否认同，在人际沟通中，一个人的形象在很大程度上决定着他是否会受到他人的欢迎，是否能赢得更多的机遇。这就好比一个人的名字就是一个品牌，一个人的形象就是一张名片。影响沟通的不只是你的口才，还有你的形象。

中国电视节目主持人、媒体人杨澜用自己的亲身经历告诉我们这样一个道理："没有人有义务必须透过连你自己都毫不在意的邋遢外表，去发现你优秀的内在。"

1995年的冬天，杨澜在求职面试时，再一次被拒绝。当她想起那个面试官的表情时，心情非常沮丧。当时面试官毫不客气地对她说"你的形象和你的简历非常不符"，并当场拒绝了继续向她提问。

杨澜低头看了看自己的打扮，很明显，因为穿着问题，她被别人无情地鄙视了。她心里非常清楚：如果她再找不到工作，只能灰溜溜地回国，除此之外，她几乎别无选择。

长久以来，杨澜以非常好的成绩和能力一路所向披靡，从来没有人怀疑过她的能力，但是这一次她因自己的外表丢掉了表现自我能力的机会，这让她感觉很气愤。

有一天晚上，杨澜面试回来后，洗完头，坐在床上一边翻看报纸的招聘信息，一边吃她带回来的面包卷。这很违反房东的原则。房东对她大吼，她一气之下，披散着头发，在睡衣外裹上大衣就冲出了门。她愤怒地冲进一家咖啡馆，天气实在太冷，她也很饿。咖啡馆里的人很多。坐在她对面的是一位英国老太太，看起来就像伊丽莎白女王一样尊贵与精致。

杨澜对服务生说："请给我一杯热咖啡，谢谢。"

服务生走开后，对面的老太太从旁边拿起一张便笺，写了一行字递给她，是非常漂亮的手写英文："亲爱的，洗手间就在你的右后方，拐弯就是。"

杨澜抬起头，莫名其妙地看着这位老妇人，她正以非常优雅的姿势喝着咖啡，没有看她一眼。杨澜当时的尴尬可想而知，她第一次觉得，自己不被别人尊重是应该的，头发被风吹得凌乱毛躁，嘴角旁边甚至还沾了一点出门前吃的面包屑。

这样的打扮，让她想起下午去面试时自己的日常便装，那应该也是对一个高级经理职位的不尊重吧？杨澜心想：我是有多不尊重自己，以至于别人也觉得我是不尊重他们的。

当杨澜再次回到座位上时，那个老太太已经离开。那张便笺上又多了一句英文：作为女人，你必须精致，这是女人的尊严。杨澜开始醒悟：再也不能希望别人通过看我的简历来判断我是不是有能力了；作为女人，我必须精致，这是女人的尊严，这样才能活得自信而有底气。后来，杨澜在一次面试中，以得体的着装和优秀的外在表现为自己的能力加了分。

杨澜曾说："没有人有义务必须要透过连你自己都毫不在意的邋遢外表去发现你优秀的内在。"一个说话得体的人，就算未张口说话，他那气质高雅的外在形象，也会为他的整体形象加分。

虽然说人不可貌相，但是当我们看到一个人的时候，他的外貌形象还是会直接进入我们的视野，让我们不知不觉中形成对他的第一印象。莎士比亚说过："在人际交往中，一个人的外在形象在很大程度上反映了他的社会地位、性格和修养。"

试问大家，当你看到一个人的时候，最先看到了什么？有人说看到的是发型，有人说看到的是着装，有人说看到的是职业……这就是别人眼中的我们，虽然我们没有开口说一句话，但是我们的形象早已向别人传达出了一些信息。

心理学家经研究发现，一个人的形象，55%取决于外表，包括容貌、身材、服饰等，38%来自自我表现，包括说话时的神态举止等，而仅有7%源自说话的内容。换句话说，人们往往会通过我们的穿戴来猜测外表无法直接表露出来的一些东西，从而判断我们的价值。一个人只有内在和外在趋于平衡，他的价值、他的受欢迎度才能得到最大限度的体现。

说话之道 →

完美的形象不仅在于外包装，它还是一个人言谈、表情、动作、气质、风度、品位等综合因素的体现。只有平时注重自身修养、着装得体、谈吐优雅，才能做到卓尔不群。

目光交流，比语言更富有内涵

或许你已经注意到了，有时候和某些人说话是个挺奇怪的经历。因为对方看起来往往是这样的：眼睛总是看着你肩膀上的某处，又或者目光直接穿过你，好像你们根本不认识，等等。

毫无疑问，遇到类似的情况，你肯定会想，“这个人是怎么回事?”“他看着挺正常的啊，可那样又是什么意思？”实际上，这些人既不是势利眼，也不是不友好的家伙，他们只是不知道如何恰当地与他人进行眼神接触。

在人际交往中，目光接触发挥着重要的作用。当我们面对自己欣赏、钦佩或仰慕已久的人时，我们会增加眼神上的接触。如果你希望给对方留下较深的印象，你就要凝视他的目光久一些，以表自信。当然，一个人在说话时，如果主动寻求眼神上的交流，我们也大致能判断出此人一定是个值得信赖的、自信的、负责的人。

在一段较为深入或亲密的谈话中，我们会增加相互对视的频率，这可以帮助我们判断彼此间关系的远近：眼神接触越多，彼此关系越近。心理学家乔纳森做过一项研究，他让一对并不相识的异性面对面坐下来，相互注视对方眼睛20分钟。结束后，心理学家请他们分享一下各自的体验，不约而同的是，两个人都表示他们在对方身上感觉到了一种奇妙的强烈的吸引力。实际上，很多被研究的单身异性最终甚至成了夫妻。

眼神接触就是如此神奇，如此令人难以置信，一瞬间的眼神触碰似乎就能撞出一种强大的力量。若是论其缘由，其实这与人类原始的生存模式密切相关。新生儿之所以喜欢紧盯喂食者的眼睛，不仅仅是出于一种本能的习惯，更多的是因为来自亲子之间的眼神接触，可以增加嗷嗷待哺婴儿的受关注度，他们也便有了更多的获得大人的哺育和关心的机会。可以说，眼神接触可以令人产生一种强烈的、潜意识中的彼此的联系感。

事实上，不管是坦荡的直视，还是躲闪的目光，我们都能从中发现更多的信息。在谈话中，如果彼此眼神接触太少，势必会让人觉得心神不宁、缺乏诚意。相反，若是眼神接触过多，也会让对方本能地感觉你是粗鲁的、傲慢的，甚至是怀有敌意的。所以，为了避免让对方产生这些不舒服的感觉，眼神接触要适宜。

那么，怎样的眼神交流才恰到好处呢？合适的眼神接触要不多也不少，这样才会使对方感到被尊重与信任。从时间上来说，直接的眼神接触时间往往会占到整个对话时间的30%～60%，特别是当你倾听对方讲话的时候，更要多一些眼神上的接触，这有助于产生舒适高效的对话氛围。不过，这些数据会根据你是否喜欢对方而有所改变，毕竟人类天性喜欢与自己感兴趣的人在一起。

虽然道理如此，但是保持正确的目光接触做起来很难。因为我们的眼睛总是倾向于左右移动，不断扫视别人的脸，从而尝试阅读别人的情绪。下面我们介绍3种基本的目视类型，以便帮助大家更好地提升目光接触的能力。

（1）社交凝视。这种注视方式一般用在各种社交场合。注视的位置为对方唇心到双眼之间的三角区域。

（2）亲密凝视。这是亲人之间、恋人之间、家庭成员之间使用的注视方式。凝视时，目光停留的区域在对方双眼到胸之间。

（3）公务凝视。这种凝视方式一般用于磋商、洽谈、谈判等场合。注视的位置在对方双眼或者双眼与额头之间的区域。注视时，要给对方一种严肃、认真的感觉。

目光接触，是人际间最能传神的非言语交往，即使遇到陌生人，你的眼神也会给人带来一种温暖、舒服的感觉，不会因为眼睛一直盯着对方而冒犯了他。换句话说，在人际沟通中，特别是和陌生人的沟通中，如果你想与他进一步发展为生活或事业上的朋友，那就要以期待的目光注视对方，不卑不亢，只带浅淡的微笑，这才不失为一种温和而有效的方式。

说话之道 →

在社交礼仪中，我们或多或少地会与别人有目光上的接触。如果你希望给对方留下较深的印象，就要凝视他的目光久一些，以表自信。如果你想在和对方的争辩中获胜，千万不要把目光移开，以示坚定。

好声音，为你带来好运气

一个人的谈吐，乃至音量的大小，都会暴露一个人的修养水平。有的人说话轻声细语，有的人说话粗声粗气。对于素未谋面的人来说，声音就是一个人的第二张脸，好听的声音总是充满感染力，更能打动人，更能吸引人。而一个说话声音很难让人感觉舒服的人是很难与“气质”这个词挂钩的。试想一下，如果一个人张口即带着浓重的鼻音，甚至是吐字不清，有谁还能耐心地听他说话呢？所以，千万不能小觑声音对一个人的影响。

在某辆城际公交车快要驶出市区的时候，一对情侣上了车。姑娘大大的眼睛，长长的睫毛，口红迷人，打扮得很洋气，气质没的说。这么一比，倒显得旁边的小伙子相貌平平，让人觉得能找到这么漂亮的女孩做女朋友，他真的挺幸运。

车厢里的人大多沉默不言，或睡觉，或戴上耳机看视频，偶有声音也很小声。可是突然，车厢里响起了一句夹带方言的抱怨声。而这个声音正是那个时尚女孩传来的。很多人本来以为她抱怨两声就没事了，谁知道竟然没完没了。

刚开始是训斥她的男朋友，说买的东西不合她意，旁边的男友小声地赔不是。几分钟后，女孩接了一个电话，时而大笑，时而唏嘘。

车厢里不声不响的人也开始伸头看到底是谁在说话，就连睡觉的也被吵醒了。很明显，她的声音确实有点大，给人一种聒噪的感觉，之前那个气质独特的女孩瞬间给人留下不好的印象。

每个人的声带条件各有不同，声音也各有特色，但是对于一个女孩子来说，声音真的非常重要。纵使你有闭月羞花的美貌，有不同凡响的时尚品位，但是如果你一张口就是聒噪刺耳的大嗓门，就会逊色不少。

我们常说，一个人有无修养，说话的时候就是最直观的表现。真正有修养的人，说话总是有条有理，不会趾高气扬，让别人感到很舒服，彼此之间交流起来也毫不费力。然而，一个人说话声音太大，且不懂得调节语调，实在是一种不礼貌的表现，甚至是没修养的表现。

那么，在平时的交流中，什么样的声音更吸引人，什么样的声音会给人不愉快的感觉呢？

令人身心愉悦的声音有以下特征：

（1）明亮、有穿透力；

（2）富有磁性、有感染力；

（3）吐字清晰、圆润饱满；

（4）柔和、有弹性；

（5）干净、利索。

令人不舒服的声音有以下特征：

（1）鼻音重、娃娃音、公鸭嗓；

（2）吐字不清；

（3）声音单薄、刺耳；

（4）语速太快或太慢。

可能有人会说，声音是天生的，其实，通过发声训练，大多数人是可以改变说话声音的。下面介绍的几个技巧就可以帮你成为一个正确“发声”的人。

（1）俗话说“贵人声低”，声音高不等于有理，学会自我控制音量，往往透露了一个人的修养。为此，说话时要尽量小声点儿、温柔点儿，这样就会给别人留下一个好印象。

（2）在公共场所活动或就餐时，把声音降下来，尽量说标准的普通话，即使说方言也不要太大声，以免打扰别人。

（3）掌握自己说话的节奏，做到清晰、有条理，这样你的声音不仅能够恰当地表达你的想法，还能让听者对你产生浓厚的兴趣。

（4）和唱歌一样，说话也具有某种内在的韵律，换句话说，说话也要抑扬顿挫。

（5）无论什么时候，无论什么情况，都要尽力给你的声音赋予亲和、温暖的感觉。即使你在拒绝别人，也要让你的声音充满温暖的感觉，而不是成为刺伤他人的利剑。

（6）多看新闻节目，跟播音主持一起“念新闻”，学习他们的发音、语调、语速。持之以恒地训练，就可以改变你的发声习惯，让你的每句话都有播音员的感觉。

说话之道 →

只要我们随时随地提醒自己，用自认为舒服好听的声音说话，坚持下去，就会有所收获。

走心的握手胜过千言万语

在进行人生中至关重要的一场商务谈话之前，你肯定会做一番精心的准备。比如，清楚地了解自己赴会的对象、这次谈话的目的，以及对方的所有情况。当然，你一定会准时到场。

在这里，我们想提醒的是：在刚一进入会谈场地时，诸如自我介绍、握手、互递名片等这些在1分钟内完成的事情，实际上是建构良好的社交关系非常重要的一步。

不可否认，握手的时长，握手者的姿势、力量、体态等可以传达很多方面的信息。而握手在人与人之间的感情传递中更是起着非常重要的作用。

美国盲聋女作家海伦·凯勒在自传《我的生活》中写道："我接触过的手，虽然无言，却极有表现性。有的人握手能拒人千里……我握着他们冷冰冰的指尖，就像和凛冽的北风握手一样。而有些人的手却充满阳光，他们握住你的手，会使你感到很温暖。"这段话真切地写出了与不同的人握手的不同感受。所以，一定要把握好"开场1分钟"这一关键时刻，以向人们展示出你精彩的一面。

握手作为人际沟通的一种礼节，有约定俗成的规矩和要求，那么，究竟什么样的握手礼仪，才能给别人留下深刻的印象呢？为了对这个非语言技巧有十足的把握，你要注意以下事项。

在靠近谈话对象之前，你一定要主动伸出自己的手。如果你与对方的距离较远，最好能马上迎向对方，在距其约一步远的位置主动伸出右手。

握手的时候，一定要大大方方地看着对方的眼睛。要知道，眼神交流可以表明你的注意力是完全集中且只集中在对方身上。别因为害羞而不敢直视对方的眼睛。

不要吝啬你的微笑，真诚自然的微笑总能在不经意间传达出你的真诚，传达出你对对方的兴趣。如果确实很难做到，那就试着在心里重复这句话：“啊，他看起来很棒哪！”

当你握住对方的手时，为了加强对方对你的印象，可以说一些问候的话，例如：“真高兴，终于见到你了！”也可以重复对方的名字，例如：“你好，乔治先生。”

握手的顺序要根据握手人的社会地位、年龄、性别和身份来确定。当主人、长辈、上司主动伸出手时，客人、晚辈、下属才能相迎握手。

握手力度的大小与握手时间的长短，表明对对方的热情程度。久别重逢的朋友握手时，时间可以长一点，力度也可以大一点，但不必太使劲。通常情况下，握手用力要适当，时间在两秒钟左右即可。

接待来访者时，如果你是主人，就要主动伸出手来与客人握手；如果你是客人，即将告辞时，应该首先伸出手来与主人握手。颠倒了次序，很容易让人误解，导致你出丑又难堪。

如果出席的场合人员较多，可以只与主人或是熟人握手，向其他人微微点头示意。另外，注意不要交叉握手，不要左手右手同时与两个人相握，也不要隔着中间的人握手，不妨等别人握完再伸手。

男女之间握手时，女方只需轻轻地伸出手掌，男方微微握一下女方的手指部位即可，不能握得太紧，也不能握得太久。

说话之道 →

> 友好的握手能帮助你建立积极的第一印象，特别是在商务交流中，这是因为握手能让你看起来更加平易近人。

第二部分

聚集人气的说话之道

为了和别人更好地相处，你首先要做个“会说话的人”。谈话生动有趣，与他人的相处才会变得融洽。弄懂说话之道，比只是练习说话之术更重要。

第三章
寒暄：在最短的时间内与他人零距离

当我们与陌生人见面时，在短短的1分钟内，彼此都会默默地在心里为对方打一个分数。而你再也没有第二次机会去留下第一印象。

把握好关键的30秒，聊天绝对不会被刺伤

现代社会，生活节奏快，我们几乎很难抽出几个小时，甚至更长时间，享受和朋友、家人在一起的悠闲与从容的时光。平时的我们往往是这样的：匆匆见面，简单利落地聊二三十秒，然后快速互道再见。换句话说，如果我们能够灵活运用好这二三十秒，就能让你和某人的初次见面变得非常美好。当然，也可能会让你们之间发展出长久的友谊和有价值的合作关系。

事实上，从心理层面讲，人与人之间的好感建立只需30秒。一项调查研究表明，人们在初次见面时前30秒钟的表现给对方留下的印象最为深刻，这就是我们常说的第一印象。我们平时听到的“一见钟情”“面试培训”等都与第一印象有关。人与人在第一次交往时，第一印象往往会在对方的头脑中形成并占据着主导地位。

比如，如果你的公司来了一位新同事，第一天上班时，你向他打招呼，对方没有回应你，你对这位新同事的第一印象很可能就不太好，感觉他有点冷漠。后来，在一次公司聚会上，这位新同事却表现得侃侃而谈、风趣幽默，这时你会马上认为他是一个友好热情、容易共事的人吗？未必，事实上大多数人仍然会认为这位新同事是个冷漠的人，只不过今天是个特例，他才那么异乎寻常的兴奋。

人们总是无比重视最先得到的信息，并据此对他人做出判断，而人们对于后续的信息又常常懒得再仔细加工。因此，无论是一个人的长相、衣着打扮，还是面部表情、姿势、谈吐，总会在初次面时的前30秒钟内，给对方留下最为深刻的印象。也就是说，当你第一次遇见某个人的时候，即使你还没有开口说

话或者与对方握手，对方就已经开始对你有了评价。

在初次见面时，大多数人还是更愿意相信眼睛、耳朵等感官，而不是大脑。第一时间呈现出的表情、姿态、服饰、语言、眼神等印象，虽然零碎，但是常常给我们的生活带来深远的影响。无论你相信与否，很多时候，第一印象就是我们唯一的一次表现自己的机会，从某种程度来说，它决定着人际交往的命运。

比尔·克林顿就是一个非常有价值的例子。克林顿的头号新闻秘书、发言人迪迪·迈尔斯曾透露："只要比尔·克林顿踏入一个会议室，片刻工夫，他就可以主导整个房间的气氛。因为他对什么都充满好奇心，他希望与每一个与会者交谈，并且让他们乐在其中。"

这看起来像是一场事先排练好的戏码，但又不完全是一场戏。事实上，大家都更喜欢与那些充满好奇心的人交谈，而这种态度势必会带来一些令人惊叹的事情。那么，我们怎样做才能像魅力十足的大人物一样，让别人只见一面，就能将对方牢牢地记住呢？

友好的握手能帮助你建立一个积极的第一印象，特别是在商业交流中，握手能让你看起来更加平易近人，一个简单的握手还能帮你减少因为误解而带来的潜在的消极影响。

很多时候，一个人穿衣打扮的风格或多或少会影响他是否能成功建立良好的第一印象。一项研究结果表明，比起那些衣着随便的男士，衣着讲究的男士更会赚钱，职场的晋升也更快。

与他人第一次见面时，要尽量谈论一些轻松的话题，毕竟人们更喜欢那些能带来积极心理效应的人。若是初次见面就谈论金融危机、公司裁员等沉重话题，在对方的潜意识里，很可能会把你视为产生坏心情的源头。

在第一次见面时，不要向对方透露过多的个人细节，否则会让对方感觉你是个情感依赖者。如果一个人总喜欢找人大吐苦水，是很少有人愿意与其深入交往的。第一次见面，对于个人情况蜻蜓点水，反而能给对方留下神秘感，期待与你下次见面。

正如你所见，人类的大脑在初次见面的短暂时间里就会对一个人产生评价。第一印象对我们的交往是至关重要的。记住上面提到的那些小贴士，你或许可以改变别人对你的看法。

说话之道 →

人际沟通的微妙之处往往与第一印象有关。初次见面，能否获得对方的认同，关键就在于第一次见面时的前30秒；能否继续深入地交流，也要看这见面开始的前30秒。因此，想做个令人过目难忘的人，就要学会调动你的聪明才智，在人际交往中给人留下美好的第一印象。

顺畅沟通的前提：成为先说“你好”的那个人

在生活中，有很多人不重视打招呼，觉得天天见面的同事用不着每次看见了都问声好；如果对方是不太熟的人，担心万一打招呼了，对方没认出自己，岂不是很尴尬；还有些人不愿意主动向别人打招呼，是因为他们的心里总藏着一个偏执的想法：“如果别人不跟我说话，我就不会主动跟别人说话，我为什么要先向他打招呼呢？”

现在，让我们假设一下（或许你也可以回想一下，自己在真实的人际沟通中的表现和行为），在一个新的团队中，有你认识的人，也有陌生人，而你将要融入这个团队。此时此刻，你是主动走向陌生人先介绍自己，还是被动地等待别人向你走来？或者，你觉得什么人都能接受，不会排斥任何人，也不会对任何人产生看法。又或者，你一直在扮演“观察者”的角色，观察每个人的一举一动，直到你对每个人的性格特征都了如指掌，才从容应对。

实际上，很多时候，我们在与人沟通时会不自觉地处于警戒的状态，似乎总是要求自己时刻保持警醒，但又总是给自己找各种各样的理由——“我不可爱”“我不受人喜欢”“我没有吸引力”，结果让自己在社交中变得越来越退缩、越来越被动。然而，这样是很难结识到更多朋友的。

其实，与其让自己和别人都觉得头疼，不如试着变被动为主动，先向对方打招呼，并由你来开启谈话。与被动反应和等待机会不同的是，当你主动向别人打招呼、结识某人时，你会得到积极的回应，这样你被拒绝的恐惧感也会减弱。因此，在开始一段对话时，如果你总是不知道该说些什么，希望别人走过来主动与你交谈，那么不妨有意识地变被动为主动，这样你的冒险将得到回报，你也会有更多有意义的谈话。而且主动打招呼的另外一个好处是，你将会有机会引导谈话的方向，并且给他人留下自信、友好、亲和的印象。

更何况，我们今天的社会生活跟以往大不一样，没有主动社交的能力是万万不行的。资源都是通过竞争得来的，你自己都不去主动结交，谁会主动理你？真正的安全感来源于自己向别人敞开自己。而主动打招呼，正是传递给别人这样一个信息："我眼里有你。"当你眼里有别人时，别人才会心中有你。有谁不喜欢自己被别人尊重和注意呢？毕竟没有人会拒绝想要亲近自己的人。

因此，假如你想活出不同凡响的人生，练就一流的口才，就应该尝试主动向对方打招呼，哪怕只是一个"早安"，一整天的心情也会变得更加美好。比如，在职场，见到公司的同事和领导，要主动向他们打招呼："您好，王经理!""您好，李总！"主动向别人打招呼，不仅让别人心情愉悦，更重要的是，还可以为你创造一个领导赏识、同事认可的工作环境。在这样的环境里工作，你自然会有很好的发展。

见到熟悉的邻居时，一句简单的"你好"会在潜移默化中营造出和睦的邻里关系；见到公司的保洁阿姨，不妨主动说一句："阿姨，您把地拖得真干净，都可以当镜子了。"你的一句问候不仅有利于建立良好的关系，还有可能换来更加干净整洁的工作环境。

当然，打招呼的方式是多种多样的，可以是微笑、点头、招手，也可以是握手、拥抱等，但无论以哪种方式打招呼，也无论在什么时候，都要面带微笑，眼睛看着对方，这样才会给人真诚的感觉，让人感觉你不是在敷衍了事。

说话之道 →

> 理想的交谈是双方思想的交流，是一个集智慧与演讲于一体的意味深长的表演。而不是像很多人担心的那样，会使他们暴露缺点。

简单问候之后，如何破冰

我们经常有这样的体会：和一个朋友初次见面时，往往会先对对方的容貌和举止进行打分。但是这个印象分毕竟有些先入为主，虽说在当今这个时代，一个人的颜值高低会影响到他人是否有结交的欲望，但颜值并不是衡量一个人是否值得交往的唯一因素。

你要知道，现实情况往往是这样的：对方一旦开口，多半会原形毕露。可以这么说，判断一个人是否有才识、有内涵，双方三观是否一致，从开场后的几句话里就能表现出来。

在人际沟通中，无论处于什么场合，第一印象都非常重要，而如何与他人说好第一句话，更是直接关系到能否打破初次交往的心理障碍。如果第一句话处理不好，陌生人就永远是陌生人，无法成为朋友、知己。里根总统就是这方面的能手。

1984年5月，美国总统里根到上海复旦大学演讲。面对上百位初次见面的复旦学生，里根总统的开场白可以说是紧紧地抓住了彼此之间的关系。

他的第一句话是这样说的："其实，我和复旦大学有着密切的关系。你们的谢希德校长和我的夫人南希，都是美国史密斯学院的校友。照此看来，我和各位自然也就都是朋友了！"

此话一出，全场立即响起了热烈的掌声，接下来的交谈气氛也变得非常融洽、热烈。

里根总统的这段开场白设计得非常巧妙，他说第一句话时就和对方攀亲认友，短短的两句话就使中国大学生把眼前这位高鼻子的总统视为十分亲近的朋友，给他们留下了深刻的印象。很多时候，恰到好处的第一句话，可以帮你赢得对方的好感，迅速拉近彼此之间的距离，为双方进一步的交流和交往开个好头，这就是说好第一句话的魅力。

不可否认，这个世界的确存在一种天生讨喜的人，在交往过程中他们很容易赢得对方的好感。但是对于更多的人而言，要想在人际沟通中，尤其是初次见面时，快速赢得对方的好感，则需要有一个学习和习惯养成的过程。

无奈的是，在初次见面的场合里，总有一些人的开场白从来不过脑子，所谓的“直言不讳”并不会让人觉得你天真烂漫，只会让人觉得你愚蠢笨拙，结果分分钟把别人惹恼。为了走出这种“圈套”，在和陌生人初次见面时，你千万不要用下面这些方式去套近乎，它们很可能是初次见面的大忌。

◎ “你长得和我的一个朋友好像……”

毫无疑问，没有人喜欢自己和别人长得一样。如果你再兴冲冲地立马翻手机，试图从里面找出一张朋友的照片，对方心里多半会不快，除非你说的这位朋友确实貌美如花或是英俊潇洒，而且还必须得符合对方的审美，否则，当你一不小心说出这句话的时候，很可能已经得罪别人了。

◎ “我特别不喜欢……”

在生活中，一些人总是在谈话开场没多久就喜欢表露自己的喜好，不负责任地对别人指指点点，这些评价看起来很随意，要知道，你的不喜欢、不认可很可能就是别人的喜欢与认可。一个人如果总是随意地对别人指指点点，是很难结识到真正的朋友的。

◎ “你在哪儿念的大学？是哪所大学呢？”

俗话说“好汉不提当年勇”，很多时候学历是可以跳过的一环。如果对方只念过一个二三流的学校，你的询问势必会让对方感到尴尬，或许对方还在思考要不要和你说实话，毕竟你们还没有那么熟。

◎ “你的这件外套／这个包包，我去年也买过……”

或许你原本只是想表达一下自己和对方有着相同的品位，但是，千万不要忘了在这个世上，每个人都希望自己是一个特立独行的存在，有谁希望自己精挑细选的服饰和别人的撞衫呢？所以，就算你和别人有相同的东西，不管是外套还是包包，都不要说出口，有时候，聪明反被聪明误，讨好未必就是最佳的交往方式。

虽然第一次和陌生人谈话是要冒一些风险的，但是无论什么时候，第一句话永远是至关重要的，因为人们往往会从别人说的第一句话里判断出他究竟想说什么，值不值得听下去。所以，在简单的问候之后，不妨先做个自我介绍，然后再和对方谈谈你的想法、观点以及经历。通过表达你愿意交流的态度，会让他人感觉到被重视而心情愉悦。

很多时候，我们用什么样的话当开场白来接近对方，是决定能否立即吸引对方的注意力，让他愿意和你展开交谈的关键一步。要知道，好的开始是成功的一半，一个令人无法抗拒的开场白，能够在最短的时间内和对方建立起良好的洽谈关系，同时也为沟通奠定良好的基础。

说话之道 →

会不会聊天，跟智商高低没有关系，关键是要足够用心。与他人见面时，如果能选用适当的寒暄语，往往可以打破僵局，缩短人际距离，为双方进一步的交谈做好铺垫。

自我表露，迅速拉近彼此之间的距离

通常来说，人们在互相问候之后，总会交流一些基本的个人信息，包括从事什么工作，有什么爱好，祖籍在哪里，在哪里念过书，住在哪里，有的甚至还会聊到嗜好，近期参加了什么有趣的活动，等等。

但是，也有一些人习惯保护自己的隐私，因为他们担忧：如果别人知道我是一个什么样的人，他们会不会对我有什么企图，或是看不起我；如果和某个人过于熟识，就会失去自我，还是留一点神秘感比较好；如果他人知道了我的秘密，会不会以此来攻击我？

现在请回忆一下以往的交谈，你究竟透露了些什么？是细节，还是秘密？这一点非常关键。事实上，细节并不能跟秘密画等号。如果彼此之间属于初次相识，保持一定距离很正常，也是一个明智的选择。但是如果你总是表现得过于敏感，就会让人觉得你有意在隐瞒什么，不容易亲近。

其实，如果你能仔细听一听那些初次见面的人之间的谈话，就会发现他们都在有意或是无意地透露自己的个人信息。很多时候，一段高质量的谈话所包含的内容不仅仅是问题和发表评论，主动透露个人信息的行为反倒会帮助人们相互了解，尤其是对交谈的最初几分钟更为重要——无论双方是否愿意继续了解彼此。

事实上，无论你是谁，从事什么职业，每当你遇见一个陌生人，或是向他人介绍自己时，你都是在推销最宝贵的财富——你自己。通过这种推销，可以让对方更好地了解你，从而为真正结交朋友打好基础，而且这种自我表露可以帮助别人从你的角度更好地认识你这个人。

虽然没有人期待或是希望你透露出内心的秘密和个人隐私，但是如果你希望有一次真正意义的沟通，就要随时做好在大多数谈话场合透露你的过去以及对你来说很重要的事情的准备。也就是说，你需要得体而恰到好处地告诉对方你是怎样的一个人。

实际上，很多时候，你所透露的个人信息将决定对方会如何看待你这个人，而这又全在于你所透露的内容。一般来说，在交谈或是闲聊刚开始时，你可以针对礼节性的问候、背景信息或是观点、喜好这些话题跟对方进行交流，为此，你可以这么说："你还好吗?""最近，你怎么样？"而这些问题的答案大多是"挺好的"或者"还行"，但有时也会听到情绪不高的回应，比如"还好吧"或者"就那样"。不管怎样，这种主动地问候是测试回答者是否愿意交谈的一个绝佳机会。

在这种礼节性的问候之后，人们常常会交流一些基本的个人信息，于是人们开始了解彼此，发现彼此的共同之处。举例来说，如果你愿意跟对方聊一聊你的职业，那么可以分享一下关于这个问题的某些信息，看看对方对此是否有兴趣。当然，你也可以附加一些你真正想谈论的事情，比如，你可以说："虽然我的工作是……不过我真正喜欢的是……"然后你便可以透露其他一些信息，从而把话题引导到你所希望的方向。

对于从事何种职业这个话题，也许有些人是能回避就回避，事实却是只有通过礼节性的话题和主动透露个人信息的行为，交谈才能达到更深层次、更有意义的境界。你要知道，人与人之间只有形成了"相信而敢于托付"的关系，才能使沟通成为一种现实的存在。

任何有意义的关系如果不经过相互透露个人信息的阶段，彼此之间的信任是不可能建立起来的。毕竟大多数人还是友善的，他们会把你向其透露个人信息的行为视为对他的信任。特别是在对方已经告诉了你他所从事的职业，而你却不想告诉对方时，只会令他感到奇怪或是不解，因而对结识你这个朋友失去了兴趣。因此，在人际沟通中，你不妨主动透露一点自己的信息，这样既可以让别人多了解你一些，也是促成深入交谈和建立私人关系的基础。

之后，你还可以视沟通情况，逐步跟对方聊聊你出生在怎样的家庭，工作上有怎样的目标。当然，这一切最好是在你对对方已经有逐步的了解之后，再一点点地透露。甚至你还可以跟对方聊聊你的健康情况、家庭矛盾、工作上遇到的麻烦，等等。

在这一沟通环节，你可以真诚地与他人分享你个人的态度、观点和喜好，这样不仅可以鼓励他人与你分享他们对某个事物或某件事情的看法，还可以得到更多他的认同，从而建立起联系，毕竟大多数人更喜欢与志趣相投的人在一起。比如，你可以告诉某人："一直以来，我的梦想就是……为此，我已经奋斗许多年了，现在我的梦想终于要实现了。"请记住，好的交谈从来都不是一场辩论，而是观点和想法的交流。而维持交谈的一种很好的方式，就是让参与者相互了解彼此的想法，真实地表达自己的观点与喜好，这样才能给对方一个深入了解自己的机会。

说话之道 →

> 自我表露就是透露某人或某事，以及对你的人生有影响的经历和个人感受——不论是好的还是坏的。虽然这种沟通不易，而且有一定的风险，但是可以让别人更深入地了解你是什么样的人，你的价值观是怎样的。

叫出对方的名字，让你的关注度飙升

在现实生活中，我们常常会遇到类似这样的尴尬：明明很熟的朋友，可是，话到嘴边，就是叫不出对方的名字；眼看某位熟知的客户朝你走来，对方叫什么你却怎么也想不起来；在某次商务宴会上，别人向你做自我介绍，但是一转身，你就忘了那个人是谁；多年不见的老同学和你打招呼，人倒是想起来了，但就是记不起对方叫什么……

著名演讲家戴尔·卡耐基说过："在任何语言中，最甜美的声音就是一个人的名字。"的确，一个人的名字对他本人来说就是最亲切、最甜蜜的字眼。记住他人的名字，是对他人的重视和珍惜，而叫出他人的名字，对方就会觉得被重视，自然也会乐意与你交往。

不仅如此，记住并叫出他人的名字不仅仅是一种礼貌，有时候更是你走向成功的法宝。

吉姆是一个普通人家的孩子，甚至连中学都没有念过，他却当选过美国民主党全国委员会主席，并担任过美国邮政总长。

在一次聚会上，当戴尔·卡耐基问他"吉姆，你觉得你成功的秘诀是什么？"时，吉姆肯定地说："我的成功秘诀就是记住别人的名字。"

吉姆说："每当我结识一个新朋友时，我都会细心询问对方的姓名、职业，甚至是他对政治的见解。即使过了几年，再次与对方见面，我们都能聊得很好，甚至还会聊聊他家的菜园怎么样了……"

罗斯福竞选总统的时候，吉姆写了几百封信给熟人、朋友，走遍了美国20

多个州，最关键的是，他能逐个叫出他们的名字，并诚恳地与他们进行交谈。

有些被访的村民曾这样说：“吉姆能够叫得出我们全村人的名字，其实我跟他并不是很熟，但是每当他主动跟我打称呼时，我都觉得受到了从未有过的尊敬。”

可以说，罗斯福能选上总统，吉姆实在是功不可没。

虽然名字只是一种文字符号，但是谁都希望别人能记住自己的名字，没有人不看重自己的名字。有一位学者说过：“姓名是一个人的标志，人们由于自尊的需要，总是最珍爱它，同时也希望别人能尊重它。”

在与他人交往的过程中，善于记住对方的名字，能帮助你消除与陌生人之间的隔阂，获得别人的信任与好感。有了这样的基础，交谈就会变得更加顺利。

请记住：再多的鼓励和肯定，都抵不上记住并叫出对方的名字。

说话之道 →

一种既简单又最重要的获得好感和信任的方法，就是叫出别人的姓名。能记住别人的名字，并以适当的方式叫出来，既是一种礼貌，又是一种感情投资。

用一颗真诚的心与他人交往

说话是一个传递信息的过程，要想提高说话水平，增强语言魅力，并不完全在于说话者能否准确、流畅地表达自己的思想，还在于你所表达的思想、信息能否为听者所接受并使他产生共鸣。也就是说，说话的魅力并不在于你说得多么流畅、滔滔不绝，而在于你是否善于真诚地表达。真诚的语言，不论对说者还是对听者来说，都至关重要。

清晨起来，不管你昨天有多累，都要精神抖擞地向你周围的人真诚地问声“早上好！”这句问候语不只是亲善、友好的表示，更是一种尊重的传达。当你用一颗真诚的心与他人交往，必然能缩短彼此之间的距离，甚至昨天所有的疲惫，都会因这样一句问候语而烟消云散。

虽然那些滔滔不绝、振奋人心的演讲流畅优美，但是如果缺乏诚意，就好比一束没有生命力的绢花，也就失去了它本身的吸引力。因此，演讲时，首先想到的应该是如何把你的真诚传递给对方，当听者感受到你的诚意时，才会接受你所讲的内容，彼此之间才能实现沟通和共鸣。

有一次，尼克松被迫在电台发表半小时讲话。当电台将镜头、话筒都对准尼克松时，他采取了一个罕见的行动，把自己的财务史全部公之于众，从家产一直谈到他的欠债。如此一来，尼克松不但赢得了听众的同情，而且让听众有强烈的欲望继续听下去。

紧接着，尼克松又详细地说明了自己的经济收入支出情况，包括花掉的每一分钱都如实地告诉听众。不仅如此，他还告诉大家“一个秘密”：“这次竞选提名之后，我确实收到一件礼物，那就是有人送给我的孩子一只小狗。”

演讲至此，会场里响起了热烈的欢呼声。据统计，全国观看、收听这次演讲的人数竟达6000万人，从邮局汇来的小额捐款就达6万美元。可以说，尼克松的演说，就是以真诚和朴实赢得了人心。

在心理学中，有一个“互酬互动效应”，就是说如果你能够真诚地对待别人，别人也会以同样的方式回报你。很多时候，一句看似平常的话，若是流露出发自内心的真诚，总能引起人际关系的良性互动，成为交际成功的促进剂。

在生活中，有些人说起话来长篇大论，但是难以提起听者的兴致；而有些人仅仅寥寥数语，却掷地有声。原因就在于后者非常了解人们的内心需要，能够设身处地地站在对方的立场，为对方着想，并且善于运用得体的语言表达他的真诚，如此一来，自然能赢得对方的信任，与对方建立起信赖关系。

再举个例子，最擅长推销产品的人并不一定是口若悬河的人，而是善于表达真诚的人。当你用得体的话语表达你的真诚时，你就赢得了对方的信任，建立起彼此之间的信赖关系，对方自然由信赖你这个人而喜欢你所说的话，进而喜欢你的产品。所以说，能够打动人心的话语，才称得上是“金口玉言”。

总之，说话的魅力，不在于说得多么流畅华丽，而在于能否表达出你的真诚。如果你以一颗真诚的心去对待周围的人，那么换来的也将是真诚和友爱。一般来说，与人真诚沟通，最佳的状态往往来自于以下细节。

◎ 保持谈话专注

许多人在谈话时会走神，或是玩手机，或是在谈话时想起自己其他的事情，有一搭没一搭地回话，这非常不利于沟通。

◎ 谨言慎行

在人际沟通中，最失败的事莫过于给人留下难以信任的印象。为此，不知道的事情不要乱说。毕竟术业有专攻，没有人能够懂得所有。谈话应该是负责任的行为。

◎ 少说不相关的话

在谈话过程中，要设身处地地站在对方的立场上。很多时候，你在乎的事情可能别人并不关心。比如去过哪里、对方不相识的人……交谈的重点应该在于交谈的双方，其他不重要的细节就忘掉吧。

◎ 认真的态度

很多时候，成功与失败的关键，除了一些运气之外，最重要的就在于态度是否认真。如果你想要与人沟通，那么就请保持认真的态度。心与心的交谈，才能够叫作成功的沟通。

◎ 不要空讲大道理

空泛的对话很容易让别人产生不敢相信的印象，更何况，这些大道理未必能解决所有实际的问题，有可能别人对你的倾诉只是一场情感宣泄，真心实意地了解才是最重要的。

说话之道 ⟶

说话的时候，要注视着对方的眼睛，并且面带微笑，要让对方感觉到你和他谈话很愉快，很乐意跟他交流，让对方感受到你的真诚，这样沟通的氛围就会好很多。

要不要礼貌地赞美对方？要！

现在，请大家回答一个问题，如果对方烧的菜很难吃，那么我们要不要昧着良心赞美“真好吃”？如果对方穿得很囧，那么我们要不要昧着良心赞美“真漂亮”？如果对方弹的钢琴曲实在不敢恭维，那么我们要不要昧着良心赞美“真好听”？……

相信大多数时候，我们都会说“要”。因为赞美这件事和良心实在没有什么关系，却会严重影响到你的人际沟通。更何况，人本来就是一种爱好名声的“动物”，每个人都需要赞美，渴望获得掌声和欢呼。心理学家威廉姆·杰尔士说过：“人性最深层次的需求就是渴望别人的欣赏。”因此，从某种角度来说，满足别人的心理，就是在为别人制造欢乐。一个经常为别人带来欢乐的人，也必定是一个受欢迎的人。

1921年，美国钢铁大王卡内基以100万美元的超高年薪聘请夏布担任CEO。当时，这成了业界的一条重大新闻，许多记者采访卡内基时，第一个问题就是“请问，您为什么会聘请夏布担任CEO，并且还付如此高昂的薪资？”

卡内基自信地说：“因为在我眼里，他是最会赞美别人的人，这也是他最值钱的本事。”甚至于，卡内基在自己的墓志铭上还写了这样的话：“这里躺着一个人，他懂得如何让比他聪明的人更开心。”

在沟通的过程中，要想让别人对你敞开心扉，首先要使用几句真诚而适度的赞美。对他人由衷的赞美不仅是对他人的一种肯定、一种认同，同时也会使对方产生一种成就感，从而为交际沟通提供前提。正如丘吉尔所说："真诚的赞美可以使对方按照你的意图去行事。"

真诚、恰当地赞美他人，可以使自己更容易被对方接受。从某种意义上说，中肯地赞美他人，能增添我们说话的信心和魅力。

每个人都喜欢听好听的话，客户也不例外。当你赞美准顾客时，必须认真找出别人可能忽略的特点，并且让准顾客感到你的话是真诚的。否则，就成了拍马屁，效果当然不会好。下面就是两个赞美客户的开场白实例。

"赵经理，我听家具厂的张总说，跟您做生意最痛快了。他经常跟我说，您是一位热心爽快的人。"

"恭喜您，何总，我上午刚在网上看到您的消息，祝贺您当选十大杰出企业家。"

总之，赞美是一种让人愉快的语言，赞美别人也是一种美德，因此，我们有必要掌握一些赞美技巧。

◎ 背后称赞他人最有效果

如果你很欣赏某个人，就可以把赞美他的话向他所熟悉的人讲，相信用不了多久，你的溢美之词就会传到那个人的耳朵里，对方肯定会想："哦，她原来这么看我，这么欣赏我。"对你的好感也会油然而生，更加相信你的赞美是发自肺腑的。

◎ 采取从否定到肯定的赞美方法

赞美别人的时候，如果只是平铺直叙，那么往往不会收到好的效果；若是能够尝试采取从否定到肯定的赞美方法，效果就会好很多。比如，一般的评价往往是"我佩服别人，也一样佩服你"，而从否定到肯定的评价则是"我很少佩服别人，你是个例外"。

◎ 要赞美细节

赞美别人的时候不要太空泛，一定要赞美细节。"你好聪明""你好厉害"这些是很普通的赞美，而与众不同的赞美是，找到对方怎么聪明、怎么厉害。

比如，最近你刚刚认识了一个姑娘，她的身材特别好，类似“你的身材真好”这样的夸赞她早已听腻了，而如果你夸她“很多女孩的腰臀比例都不太好，你却是一个例外”，相信她对你的印象一定会非常深刻。

◎ 在众人面前赞美他人

我们常说“批评要在私底下”，而赞美却要在众人面前。为此，你要让周围的人都知道你十分欣赏和肯定被赞美之人的所作所为，让周围的人都不得不一起称赞他，满足他的荣誉感和虚荣心，而对方也会不由自主地喜欢你。

◎ 赞美要别出心裁

真正会说话的人的赞美表现为独具慧眼。他们从来不人云亦云，而是竭力去挖掘别人一些不为人知的优点。比如，面对一幅油画作品，几乎所有的人都异口同声地叹道：“真是太美了！”想必画家对这样的恭维早就习以为常。独有一位慢慢地说：“常言说‘画如其人’，您的画运笔沉稳，这和您刚正不阿的秉性、对人生的深刻思考是分不开的。”谈画论人，独辟蹊径，令人耳目一新，自然也讨画家的喜欢。

说话之道 →

> 恰到好处的赞美并不是一件容易的事，赞美别人时不掌握一定的说话技巧，即使你的赞美是真诚的，也会把好事变成坏事。

第四章
提问：所谓会说话，就是会提问

从跟别人打招呼的第一句话开始，就注定了别人要不要跟你进一步聊下去。而提问绝不仅是你问我答那么简单。聪明的问话方式，不仅能帮你了解对方的基本情况，还能更快速地与对方建立信任。会问话，能让你的沟通更顺畅。

以最直接的问题洞悉对方最真实的欲望

假如你是一位财务软件推销人员，正给客户推销你的产品和服务，这种情况下，或许很多人会这样问：“×先生，您在财务管理上有什么困难吗？”

如果一切如你所愿，对方可能会这样说：“是的，我们公司目前在财务管理上确实很杂乱，存在许多问题，为此我感到非常担忧。”接下来，你就可以顺理成章地说：“嗯，我们公司最新推出的这款软件恰好针对您所说的困扰，提出了切实有效的解决方案。”然后，你便顺利签单了。

但是，人生并不会按照你头脑中的剧本来演绎。绝大多数时候，无数的×先生会给你这样的答复：“嗯，谢谢你的关心，我们暂时没有什么困扰。”

再来看一个例子：

某日，一位银行业务人员来到史蒂夫的办公室，在过去的六年间，这位银行业务人员不知拜访了史蒂夫多少次，他总是试图得到史蒂夫公司的业务。

几年来，这位银行业务人员每年都会打电话预约，然后来到史蒂夫的办公室，问：“史蒂夫先生，你们在资金方面是否有什么困难呢？”

史蒂夫凭借自身实力从最初的一名小小的推销员晋升为部门经理，对于如何与销售员打交道可以说是熟稔得很，他的回话几乎没有变化过：“没有，一切都相当顺利。”

银行业务人员似乎一点都不甘心，继续追问：“那您不可能不碰到点烦心事吧。”然而，史蒂夫只是微笑着摊开双手，说：“没有，真的没有。”

几年来，史蒂夫一直都是这样跟他说的，而这位银行业务人员也总是由于未能找到聊天的突破口而黯然离去。

事实上，史蒂夫很为这位业务员感到惋惜，很多次他几乎想要对业务员说“面对我这样的业务老手，你这种问话方式实在是徒劳”，但史蒂夫显然没有指点迷津的嗜好。

如果这位银行业务人员能够变换一个提问方式，情况又会怎么样？假设他是这样问的：“史蒂夫，我只是想知道，您是怎样选择了现在这家银行的？”相信他得到的回答将完全不同。

史蒂夫可能会说：“哦，是一个朋友推荐给我的。他对这家银行的评价很高，我看到它提供免费的支票账户，非常有趣，于是我就走进去开了一个账户。”

很多时候，为了促成高效的沟通，我们需要尽可能地问一些可以令对方变得更加积极的问题，这样才能引起对方的兴趣，增加更多的互动与交流。毕竟人人都有渴望表达或表现自我的心理，特别是自己做成了某件事时，总是希望说出来，获得别人赞赏和羡慕的目光。

很多时候，提出基于对方行为的问题，可以最大限度地激发人们内心表达自我的欲望，从而让他们说出自己行动的原因。正如案例中的提问方式如果换成“你是怎样选择了现在的银行的”，对方听后就会很容易产生一种表现欲望，表现一下自己的能力，所以多多少少总会说些什么。

其实，无论是对个人还是对群体，你的话语都应该切中要害、简明精要，每句话都应当传达一条清晰的信息。尤其是在一些非正式的场合，更是如此，因为你的谈话随时可能被迫中断。

说话之道 →

无论是生活还是工作，我们都离不开用提问的方式来与人沟通。很多时候，提出问题，就已经解决了问题的一半。如果没有“提问”，那么大部分的日常对话甚至可能无法展开。

大道至简，沟通贵在保持同理心

一直以来，我们总是强调在交谈的过程中，要时刻注意自己的说话方式，因为技巧往往是最容易掌握的。比如，为了让谈话更加深入，同时不带任何威胁性的问题，学会令人感到舒服的提问就是一个需要不断实践的技巧。

很多时候，问一些令对方感到舒服的问题，不仅很容易得到他的答案，还能避免沟通陷入冷场、尴尬的局面。毕竟在每个人的内心深处，都有被重视、被肯定、被尊敬、被欣赏的渴望。很多场合，重要的不是你说了什么，而是你是怎么说的。当然，如果你正准备去参加一场辩论赛，就另当别论了。

不过，仅仅是提一些让人感觉舒服并且容易回答的问题也是远远不够的。问题的根本在于能否站在对方的角度去看问题。在人际沟通中，如果我们善于用同理心去说话，将会瞬间拉近人与人之间的距离。

同理心，又叫换位思考，就是站在对方的立场设身处地地思考的一种沟通方式。有同理心的人，能够体会他人的情绪和想法，能够主动地理解他人的立场和感受，并站在他人的角度与之沟通。美国成功的推销员吉拉德曾经说过："当你认为别人的感受和你自己的一样重要时，气氛才会融洽。"

试想一下，恋人之间若是彼此给不了对方想要的感觉，又怎么能走到一起呢？说话也是如此，我们只有怀有一颗理解的心，懂得站在对方的角度提出问题，才能换来对方的积极回应。否则，只会疏远彼此的关系，甚至造成无效沟通。

下面来举两个例子：

W是一位社区领导，刚完成了一些惠民项目，因此受到当地记者的采访。

记者要从这些惠民项目开始提问，但是他并没有干巴巴地提问，而是通过充满情感的问题向这位社区领导证实完成这些项目是否需要克服许多困难。

记者的第一个问题是这样的："作为新一届的社区领导人，您是怎样为这些艰难的项目争取到那么多资金的呢？"

这位记者的提问可谓非常机智，先是对被访者做出的努力给予了充分的肯定，这样就能很好地激发被访者的兴致，让他有机会表达和展现自己的能力。毫无疑问，这是一个很好的开始。

在某次市政预算的调查中，一名女记者在采访市政办公室的预算主管时，提过这样一个问题："您是怎样重新编排如此众多的部门和项目来制作项目预算的呢？"

很显然，这位记者的提问是基于对方为完成这项工作所做的各种努力，因此访谈进行得非常顺利，被访者也不会怀有任何的敌意。

同理心就是感同身受，是瞬间拉近人与人之间的桥梁。你要知道，你的任何一个谈话对象都是有感情的人，而我们说话的内容也是带有感情色彩的，如果我们能据此表现出一定的同感，就会让对方感觉很舒服，感觉自己被重视，这样便为沟通奠定了一种舒服的基调。

在沟通过程中，你若是能恰到好处地表达出对对方的理解，比如"这听起来简直太神奇了，你一定很吃惊"，或是"这件事肯定让你感到很气愤"，等等，往往可以顺利地调动起对方聊天的热情和积极性。

接下来，你可以这样问："但是我很想知道，究竟发生了什么，会让你有如此大的反应呢？""告诉我你是怎么看待……"这类问句能够很好地激发对方的倾诉欲，无疑是良好沟通的开始。

相信每一个人都喜欢与关心自己、认可自己的人交朋友、聊天、沟通、工作，等等，谁都不喜欢和没有共同语言的人一起工作或相处。所以，当你用同理心了解了对方的感受，并且平静地询问对方会有如此反应的理由时，沟通就已成功了一半。

总之，在沟通中，同理心非常重要。如果具备同理心，就很容易获得他人的信任，这种信任并非只是对个人能力、专业技能的信任，而是对价值观、态度的信任。可以说，有了这些信任做基础，人们才可以真心交流，顺畅沟通，从而使合作顺利取得成功。

说话之道 →

> 在沟通时，把自己当成沟通对象，站在对方的角度看待问题，就很容易理解和接纳对方的心理，事情也就很快能得到解决。

会提问，其实就是会思考

在生活中，我们总认为有些人生来就有很好的口才，能够随心所欲地畅所欲言，而自己的口才却不是很好，其实这个世界上根本没有口才不好的人，那些口齿伶俐的人只是掌握了一些思维技巧。

提问是一种非常微妙并且复杂的技巧，而且在这个信息爆炸的时代，问题越来越比答案更加重要。跟掌握一门新技能一样，“问对问题”也是可以练出来的。而那些不愿意或是不善于自我思考的人，问再多的问题也是白问。

下面我们来看一个销售案例：

一位游戏软件推销员A对客户说：“我们公司新推出了不少游戏软件，其中很多游戏都是非常经典和好玩的。先生，您要不要看下？”

客户说：“我都这么大了，还玩什么游戏啊，没兴趣。”推销员A碰了一鼻子灰。

同样是推销这款游戏软件，推销员B登门拜访客户时，也吃了闭门羹。客户一见到推销员B就毫不客气地说：“我不会买这款游戏软件的，你可以回去了。”

推销员B却顾左右而言他：“您的孩子在念小学吧？”

客户说：“是啊。”

推销员B说：“这个阶段的孩子正处于开发智力的关键时期，这款游戏软件有助于提升孩子的智力水平，我想，谁都希望自己的孩子更聪明一些吧。”

客户说：“孩子在学校，自会有老师教育他，而且我给他买了不少开发智力的游戏和书籍。”

推销员B说："我们公司推出的这款游戏是专门为这个年龄段的小朋友设计的，从数字、图形、观察分析、逻辑与推理、文字等多个角度训练孩子的各种思维能力，由易到难，可以满足不同程度的小学生的需要，让孩子变得越来越聪明。在玩游戏的过程中，孩子既能轻松学习，又能轻松玩，我们相信孩子一定会获益匪浅。"

客户听得有点心动，推销员B赶紧补充说："当今社会早已进入互联网时代，孩子的学习已经不能只局限于书本，而是要与时俱进，您觉得呢？"

推销员B看客户还是有些犹豫，又说："这样吧，我们一起来看下这款游戏的内容。看过内容之后，您再决定要不要买这款软件。"

最终，推销员B谈成了这单生意。

推销员A之所以碰了一鼻子灰，是因为他没有找准问题的关键所在。而推销员B恰到好处地把提问目标和对方的需求结合起来，并且层层递进安排好推销顺序，最终成功地激发了客户的购买欲，达成推销目的。

某些时候，只要你让对方感受到你所提的问题与他的需求有关，那么你的提问就是一次成功的提问。毫无疑问，销售就是发问，一个好的问题可以得到顾客的好感，而一个不好的问题很可能会激发顾客的反感，甚至让他转身离去。这就是所谓的"发问"的能力。

所以，当你还在质疑"为什么别人不愿意回答我的问题"时，不妨认真地反思一下，是不是自己的提问有问题。很多时候，自己都没有想明白，就要对方给你一个完美的答复，这就很麻烦了。比问问题更重要的是思考。一个人是否会思考，往往可以从他的问题中看出来。

不过，提问也是有技巧的。一个草率的提问只会换来草率的答复，而一个经过思考的提问，也必定会换来你想要的答复。

很多成功的节目主持人，无一不是问问题的高手。为了从嘉宾口中得知嘉宾渴望什么、排斥什么，或是对某个人或是某件事情的态度与价值观，往往会在适当的气氛下切入一些开放式的问题引导嘉宾说话，例如，"你觉得拍戏对你来说，最大的挑战是什么？"或是"我想知道你在谈一段感情的时候，最在意的是什么？”结果总会收到意想不到的效果。

男女交往时，很多男性都会担心没有话题可聊，其实利用发问的方式完全可以很好地引导交谈的方向。比如，如果某个女生拎了一个可爱的包包，你就可以自然地问对方是在哪里买的，如果对方回答说，是在网络拍卖上拍到的，你就可以顺势切入“网络”这个主题，从拍卖乐趣聊到网络恋情，这就有了讲不完的题材。很多时候，拉近彼此的距离，把握自然而然的节奏很关键，看似不经意的话题往往是最好的问题，它们简单而直接，总能为沟通营造出舒服、没有压迫感的气氛。

在与人沟通的时候，提出一个好的问题需要一定的技巧，而且提问的能力会直接影响你与别人的交流，甚至让你的生活发生意想不到的变化。而语言作为我们一辈子都需要用到的工具，只要你拥有一些思维技巧，总会给你带来一些意想不到的结果。

说话之道 →

学习任何一项新技术都好像武侠片中练武功一样，最重要的一步就是打通经络。同样，想要掌握沟通话术，首先要打开你的思维，因为思维不打开，说话就会卡壳。

用话题引出问题至关重要

在任何说话场合，想要引导沟通的进程，占据交流的主导地位，就要学会引出恰当的话题。当然，和熟悉的人交流，话题总会源源不断，但是，和陌生人交流时，由于事先没有充分的时间和精力去了解对方，在交谈过程中往往会出现冷场的局面，不免让大家都很尴尬。

很多人与陌生人接触时，总是习惯采取试探性的提问来进行搭话。比如，“嗨，你好吗？”事实上，这并不是高效沟通的最佳方式。因为正如你所经历的那样，对方很可能会这样回应你：“我很好，谢谢。”接着，你们之间很可能会陷入一方话多，另一方无语的尴尬局面。

其实，引起尴尬的原因是你不会说话。因为生硬的一问一答最容易造成对立的情绪，而且答话之后没有可以继续下去的话题，交谈必然中断，整个过程如此突兀，必定令双方都感到很不自在。

因此，为了既让对方明白你的意思，达到良好的沟通效果，又不至于让双方都感到尴尬，我们有必要在适当的时候用巧妙的提问引出适当的话题，特别是与陌生人搭话时，用话题引出问题更是至关重要。

举个例子，有个推销员走进某老板的办公室，他想推销自己的电脑。推销员坐下后问这位老板：“先生，您的电脑最近运行得还快吗？”结果，这位老板听后，愣了一下，不知道如何回答这个问题，于是指着自己的显示器，说：“嗯，对我来说，好像还可以吧。”

客户的话并不是推销员预期的反应，这让双方都很尴尬。最终推销员只好起身离开，因为这里没有需要产品的人。换位思考一下，如果你是这位客户，听了推销员的话后会舒服吗？

如果电脑推销员这样提问："您好，我想知道您是怎样安装电脑系统的，您为什么选择这个系统呢？"即便这位老板不知道如何回答这些问题，也会愿意将你带到公司里专门负责这方面工作的人员那里去。

再举个例子，在餐馆里点菜时，你这样问服务员："今天的海鲜好不好？"这无疑是一句废话，因为服务员为了顾全自己的招牌，肯定不会说不好，况且好与不好本来就没有固定的标准。

相反，如果你能换一种问法："今天有什么好的海鲜？"就会引起对方截然不同的心理反应，服务员甚至可以说："虽然今天的海鲜不是最好的，但是今天的烤鸭又肥又嫩，很值得品尝一下。"因为服务员见有人求教于他，在很大程度上满足了他的自尊心，自然会比较各种海鲜，把最好的推荐给你。要知道，一个口才优秀的人，首先是一个合格的听众，然后才是一个演说家。只有激起对方的表达欲望，才能建立起沟通的信任与默契。

由此看来，问话事小，技巧却很关键。问话的方法不同，结果自然不同。同样的话，高明的说法会使人心中喜悦，顺利地达到谈话的目的；相反，如果你的提问方式不合适，或者引入的话题不恰当，只会使交谈双方感到尴尬。因此，找到合适的话题，然后自然而然地引出你想问的问题，是非常必要的。

说话之道 →

> 提问应该从话题入手，如果能找到恰当的话题，并利用提问的方式说出来，那么交谈的效果将会大为不同。

不做人人讨厌的话题终结者

所有说话令人讨厌的人，都有一个共同的特质，就是完全不会考虑别人的感受。相信很多人都曾经遇到过这种拷问型的谈话者——在一次对话中，他们会问你各种各样的问题，从你的父母在哪里上班，到你的收入和私生活。这种交流方式难免会让你有一种被审问的错觉。

无论是工作、生活，还是恋爱、交友，我们都是通过语言来表达所思所想的。而会不会提问往往直接关系到接下来聊天的效果。这里所说的提问，并不带有疑问的性质，而是通过这种形式较好地理解他人的想法，同时恰当地表达我们的意愿。学好这一项技能，无论是对恋爱、人际关系，还是对职场，都会有莫大的帮助。

让我们先来看看下面两个经常遇到的场景：

场景1：

在某个社交场合，A与B攀谈。

A：“你是做什么工作的？”

B：“我做互联网运营。”

A：“互联网运营是做什么的？”

B：……

场景2：

在某个微信公众号的后台，某粉丝向专家提出这样一个问题："李老师，您好，我跟我爱人的关系一直不好，我该怎么办啊？"

专家：……

假如你是场景1中的B或是场景2中的专家，遇到这样被提问的场景，你会有何反应？相信很多人会有一样的感受——无法回答，甚至是厌烦。

很显然，这两个问题之所以让人觉得无法回答，原因就在于它们不够具体。面对这样笼统的问题，回答者往往会觉得无从入手。

以场景2为例，假设要直接回答，既能较好地应对这个问题，又不出差错的唯一方式，就是告诉那位粉丝，夫妻相处一定要多包容、多理解、多沟通。这样的回答虽然没错，但是无法给听者带来任何行动上的指导价值。

为了避免得到无实际意义的回答，这里把上面两个场景分别换一种提问方式，看看是否会带来不一样的效果。

场景1：

A："你是做什么工作的？"

B："我做互联网运营。"

A："我不是太了解互联网运营，不过，我记得之前在一个网上热点里看到有人说互联网运营就是'开源'和'节流'，可以这样理解吗？""可不可以说互联网运营就是网站内容的选取、维护和更新？"

场景2：

在某个微信公众号的后台，某粉丝向专家提出这样一个问题。

粉丝："我跟我的爱人总是为了一些琐事发生争吵，事后双方又都觉得后悔，我很想尝试改变现状，能否给些建议呢？""我跟我的爱人在处理一些问题时经常会有不同意见，然后突然爆发负面情绪，两个人几乎没有深度的交谈和沟通，我该怎么应对这种情况？"

专家：……

在生活中，总有这样一些人，一腔热血讲了半天却无法引起听者的兴趣，结果彼此只好扬长而去。很多时候，如果提问不合适，很有可能会导致话题继续不下去。当你提出没有重点的问题时，即使对方有心回答，也不知道从何说起。

其实，聊天真的是个技术活，如果一开始就能制造出双方都很想讲话的气氛，对方就会有“怎么跟你有说不完的话”“和你聊天好轻松”这种感受。

一位著名的资深媒体人和传播专家说过：“会提问比会回答更重要。”提问不需要多，但要问到点子上。在提问中，多问一些实质性的问题，比用一连串的毫无实际意义的话去多次提问要强得多。很显然，前面的提问方式比后面的提问方式有了更加丰富的思考。而一个人是否有思考，是否会思考，从他提的问题中便可看出来。实际上，那些会提问的人，虽然提的问题少，但是每次都能提到点上，收到的效果自然就会好。

说话之道 →

每一次事后被证明是谈笑自若的聊天，最初都是起始于一个极妙的问题。

先激起对方的好奇心，提问就成功了一半

每个人都有好奇心理，对自己不熟悉、不了解的事物都会觉得新奇，因而想去了解，这是人类的天性，是人类行为动机中最有力的一种。

一个善于说话的智者，恰好懂得如何抓住对方的好奇心理，给对方说话的机会，然后于无形之中把自己的话说出来。因此，在沟通过程中，提问者若是善于利用对方的好奇心来提问，让对方对提问者的话题感兴趣，然后更加热情地投入到互动中，就能一举两得，既满足对方的猎奇心理，又能让提问者获得想要的信息。

在销售学中，利用客户的好奇心理，让客户对产品产生兴趣，最终达成促销的目的，就是一种常用的技巧。举个例子，销售员在拜访客户时可以这么说："我们公司已经为您的许多同行解决了一个非常重要的问题。"这句话足以让客户感到好奇，想知道到底是什么问题，是如何解决的，这时客户往往会主动发问。

其实，让对方主动提问的方法也很简单，就是把一段话分为几段进行阐述，在段与段之间，稍微停顿一下，等待对方发问"然后呢？"这种方式的巧妙之处就在于，通过制造悬念或者新奇的话题，勾起对方的好奇心，并满足对方的好奇心。这样一来，对方就会放松戒备心理，说出很多以往不曾说的话，也许那些话里就有提问者想要得到的答案。

林木是某房地产公司的一位销售员，每天的工作就是带着不同的客户到不同的地方看房子。这天，林木接待了一位新客户，是个80后，比林木年轻许多。

林木初次与客户见面时，说："我像你这个年龄时，自己一个人刚来北京。从火车站出来，顿时手足无措，不知道接下来该怎么办，这时我遇到了一位朋友。"

说到这儿，林木就不再说下去了，他知道客户一定会急于知道之后发生的故事。

果然，客户很关心接下来发生的事情，便问："后来呢，发生了什么？"林木见成功地激起了客户的好奇心，于是不紧不慢地说："后来，我在朋友那里住了两天，在他的帮助下，找到了现在的这份工作。"

客户说："原来如此。"

林木言归正传地说："像你这样年纪轻轻就自己买房的人，一定非常出色，那么你喜欢什么样的户型呢？"这之后，林木陪客户挑选到了他中意的户型，成功地卖出了一套房子。

当别人讲述一件事情却没有说出结局时，人们出于好奇心往往会追问"后来呢？"销售员林木就是利用了这个技巧成功卖出了一套房子。先用事实勾起客户的兴趣，等客户发问时，再详细解答，满足客户的好奇心。在这个过程中，销售员与客户逐渐培养起好感与信任，接下来再推销房子，就顺利多了。

很多时候，只要提问者能够激起对方的好奇心，并让对方主动发问，对方就会更放开来往下说，这也意味着提问已经成功了一半。接下来，关键就是看提问者能否抓住机遇，趁机问一些想知道答案的问题了。

说话之道→

当我们从他人那里获得满足时，便想着回馈他人点什么。当被问者感到满足时，就会向提问者提供些有关他自己的信息。

问题越开放，回答越省力

在聊天的过程中，提问绝不仅仅是你问我答那么简单，如果你问的问题很开放，回答的人就会很省力。

开放性问题最大的好处就是不受限制，可以让被问者充分发挥自己的想象力，还能让被问者主动谈自己，这样就有利于提问者搜集到更多的信息。同时，开放性问题也有利于拉近提问者和被问者的距离。

小余是行政部的一名职员，有一天，主管把她叫到他的办公室，说："小余，我知道让你按时完成与乙公司的合作项目可能有些难，但也许会有更好的方法能帮你做到。"

小余这时回答："如果公司在人力、物力等资源上能够给我提供一些支持，那么我就有把握按时完成任务。"

主管问小余："哦，那你需要公司为你提供怎样的支持呢？要知道公司并不是只有你这个项目，还有其他项目需要兼顾，所以我不能给过多的支持。"

小余回答说："不会太多的。"

主管继续问："那好，除此之外，你还有什么办法吗？"（主管继续提问，以促使下属积极主动地去想办法。）

小余回答："如果能够找一个兼职人员做报表，我就能抽出不少时间。"

主管接着说："这是个好方法。还有呢？"（看得出，主管很善于给予员工积极的鼓励，并让下属进一步找到解决问题的办法。）

小余回答说："我认为这个项目的PPT可以简单一些，把要讲的内容表达出来就好。”

主管继续说：“既然如此，为什么不这么做呢？”

在主管的开放性问题中，下属一步步展开自己的想象，延伸自己的想法，最后还找到了解决问题的方法。

管理大师德鲁克曾说：“未来的管理者不在于有多会说，而在于有多会问。”事实上，很多高明的管理者往往并不会主动教导下属应该怎么做事，而是会通过提问，让下属自己找出解决之道，这样就能锻炼下属思考问题的能力，让下属快速地成长起来。

我们常说，问问题，最好有退路，这也是一个为人处世的道理。比如，与其问对方：“你喜欢去哪里旅游？”不如问：“你外出旅游时遭遇过强制消费吗？”后者就属于被问者往往乐于回答的开放性问题，这样的问题能够让人延伸自己的想法。

当然，这样提问的前提是就算对方回答“没有遭遇过强制消费”，你也有些相关的有趣的事可以讲，否则，你的问题就应该是其他你有话可说的话题。不过，如果连你本人也没有遇到过旅行途中的强制消费，你可以改问对方：“你在旅游时会乱买东西吗”或“你在陌生的地方有没有过搭错车的经历”等你自己有话可说的问题。

除此之外，与他人聊天时，你也可以问对方“你喜欢什么样的国家、衣服……”这类问题，毕竟这些问题起码都是友善的、安全的。总之，多问开放性问题，更容易打开对方的话匣子，让交谈更顺利地进行下去。

说话之道 →

良好的沟通是从对方打开话匣子开始的，而开放性问题就像问答题，不是一两个词就可以回答的，需要深入地解释和说明。

借用数字突破聊天壁垒

语言的魅力有多大？出口成章、口若悬河、妙语连珠……人们对会说话的人从来不吝溢美之词。可是，你知道吗？数字也是一种语言符号、语言信息。在聊天过程中，如果能将数字运用得当，就能够使你的沟通具有加倍的说服力和可信度。

1922年，美国正处于国家实力强盛、人民生活越来越富裕的经济大发展时期，很多政客因此认为美国是世界上最美好的国家。然而，一位名叫贝拉·伯朱格的女国会议员却不这么认为。在她看来，美国女性的社会地位还是很低的。

为了让政客以及美国人都认识到这个问题，伯朱格有了一个想法，她又是怎么提问的呢？她并没有直接问："你认为美国是世界上最美好的国家吗？"或是"你觉得女性的地位和男性的地位平等吗？"她非常清楚，对于这类问题，那些男政客是根本不会留意的，如果提问时只讲一些大道理，没有较强的说服力，那么恐怕很难说服那些政客。

为了引起其他国会议员对自己意见的重视，伯朱格在议员大会上是这样说的："我的手中有这样一份调查资料，政府要员有700多名，女性却只有12人，虽然众议员共有435名，但是女性只有11人。不仅如此，在内阁和最高法院中，连一个女性都没有。我想说，这就是我们所说的男女平等吗？如果女性的地位和男性的地位不平等，还能说美国是世界上最好的国家吗？"

听到这样的提问，所有人顿时都愕然了。很多人发现，事实确实像她说的那样。于是，美国开始逐步制定相关法律，切实保障女性的合法地位。

伯朱格在提问时没有直接说“男女要平等”，而是运用具有鲜明对比的数据，几句话就说明了她的观点。在这些确凿的数字面前，其他国会议员不得不承认女性的地位确实比男性的地位低很多。

这就是数字的力量。在提问时，比起讲道理，列举数字往往更容易让人信服，有些问题甚至比苦口婆心的劝说都有效。

比如，时间已经很晚了，可是你的孩子还不愿意洗漱睡觉，还想再玩一会儿，当你想说服孩子睡觉时间就要到了时，可以这么说：“我再允许你玩30分钟，时间够吗？”孩子听完，一定会用力地点点头。反之，如果你说“你只能玩半个小时，半个小时后就要睡觉”，那么孩子肯定会用力地摇头。因为在孩子的心里，“30”比“半”的数值要大很多，他们自然愿意选择前者。

再举一个例子，某出版社的主编要给下属委派一个任务——两个月完成300页的书稿。如果这位主编直接说“现在有份书稿，需要你两个月写够300页，怎么样，很容易完成吧”，想必下属听了，多少会有一些怨言：“这条件实在是太苛刻了，怎么能完成？”

但是，如果主编换一种说法：“怎么样，这份书稿还不错吧，如果现在就动手写，300页的任务，每天只需要写5页左右就行。”话音刚落，想必下属听了肯定会感到肩上的负担轻了许多，两个月后交稿也并非不能实现，因此也就会欣然接下这个任务。

很多时候，数字就是具有如此非凡的说服力，你要知道，数字是真实的、具体的，而且是准确的，这样很容易给人带来一种专业的感觉，而讲道理则很难让人有这种感觉。所以，在提问时，如果你能巧妙地运用数字，也许只需几句话，对方就会甘拜下风。

说话之道 →

> 在提问的过程中，适当加入数字，可以给予对方直观、形象的感受，这比长篇大论更具客观性和真实性，有助于说服工作的高效完成。

第五章
互动：自然而轻松地说下去

每个人都有自己的喜好和看法，而有效沟通的一个非常重要的前提就是，说话一定是一个双向的互动过程。说话就是聆听与表达，说话就是尊重与关心。

就算话题没深度，谈话也能有热度

许多人都有过这样的体验：很多时候，当你跟一个人沟通时，他总是心不在焉、左顾右盼，你认真地解释、清晰地描述，他却一直哼哼哈哈，过了好久又问："什么？你说的是什么？"还有的人更过分，当你说话时，对方连眼睛都不舍得抬一下，自顾自地低头玩手机，或是装出一副听你讲话的样子。

在交谈过程中，缺乏耐心、专注，是很多人身上存在的问题。而这些人又经常给自己找这样那样的借口，"让我始终保持谈话的热度，开玩笑吧。""我到哪儿找那么有深度的话题啊？"

我们常说，沟通的目标就是保持对对方的持续关注，让对方感受到你在听，并且让对方愿意说下去。与他人对话的过程中，你要有意识地等对方说完，待明显地感到他在期待你的回应时再表达。

对此，你可以问一些大白话，像"为什么？""怎么会？"就是最可能激发对方继续说下去的问句。当然，你也可以给予对方及时简短地回应，比如，"嗯""啊""然后呢"，或是重复对方谈话中的某些关键词，对方说了什么，你就跟着说什么，让对话继续下去。事实上，无论聊天话题有多么高深，这些回应都能派上用场。而且你也不必担心承认你对正在谈论的话题一无所知，因为当你把"球"抛给对方的时候，对方也有了展现自我才能的机会，毕竟人人都有渴望表达或是表现自我的心理。

下面就与大家分享几段对话情景。

"你知道吗？×××的设计方案其实是抄袭的，竟然还得奖了。"

“是吗？他为什么要这么做呢？”

“你知道公司最新制定的绩效考核有多烦琐吗？”

“是啊，我也是刚刚听说的，怎么会这样呢？”

“听说演员×××被封杀了，好可惜啊。”

“怎么会这样呢？”

在与人交流中，回应他人真的很重要。可以这样说，沟通的意义就在于回应。高质量的听和回应，是表达关注的一种积极反馈。这种积极反馈会给交谈带来愉悦的氛围，也会使表达的人更愿意继续说下去。只要你的回应是一种鼓励，对方就会深受鼓舞，有继续说下去的欲望。

你需要把话语权交给对方，而不是自己掌握话语权。自己说得“多”或是“对”，没有任何意义，对方收到你想表达的信息才是沟通的目的。自己说什么不重要，对方听到什么，感觉到什么才是最重要的。毕竟每个说话的人，都想得到听者的鼓励。和谐舒适的气氛才是沟通成功的先决条件。

所以，如果你对对方的话题实在不感兴趣，为了让谈话继续下去，就可以试试这些回应方式，它们既可以帮你填补尴尬的沉默时刻，也能给予对方足够的时间，继续原有的话题，或者重新开启一个新的话题。或许当对方的话匣子被打开时，他能说会道的程度甚至会让你感到咋舌不已。

说话之道 →

沟通，是一种双向的交流活动。缺少了任何一方，都无法实现真正意义上的沟通。

在自己的地盘上，谈论自己熟悉的事

对你来说，在开始闲聊、打破僵局，或是交流了开心的事情的几分钟之后，最大的挑战是什么？或许很多人会说："最大的挑战就是怎么能让大家一直聊得兴致勃勃。"其实，如果你知道持续交谈的关键要素，那么让交谈继续下去就会变得很容易。很多时候，将注意力集中在你所处的环境中，可以帮你创造舒适的说话氛围。

在打破僵局并展开对话以后，你可以借助谈身边的事情获得更多的话题，比如，你可以聊聊"现在你在哪里"这个话题，然后再把话题扩展到与此相关的事情上，比如，"为什么你会在这里?""在你认识（或是想认识）的人中，有谁也在这里?""今天这里会发生什么事情?""你对这个地方的感觉如何?"……当把交谈的注意力放在你所处的环境中时，你就能顺其自然地找到很多聊天素材了。

举个例子。假如你刚来一所大学进修，那么大学校园的周边就是你所处的环境，为此，你可以跟周围的进修者聊一聊"为什么你要报这个班"之类的开放式问题，或是跟当地人聊聊地方特色，比如"我刚来到这个城市，很想四处转转，希望发现一些好吃的餐馆。"在继续交谈时，你可以将讨论内容扩展到当地的风俗民情、优美的景点、附近的便民设施，以及整座城市。聊着聊着，你就会发现很多可以拿来就用的交谈话题，这时你也就不再会为没话可说而犯愁了。

再来看一个例子。假设你第一次去健身俱乐部，你正在报名参加半年来你一直希望参加的健身项目。在报名的办公室里，你遇到了一位非常有吸引力的女性，你很想与她有更多的交流。

在这种情况下，了解他人希望从这家健身俱乐部中获得些什么就是一个很好的交流话题。对此，你首先要用真诚的眼神和微笑向她打招呼。有了这样的打招呼做铺垫，接下来，你就可以针对你所在的环境进行提问，或者发表一下你的一些想法或评论，交谈可以这样进行：

你："你好，你是报名参加板球班吗？"

她："是哦，很长时间以来，我一直想学，现在我终于下定决心了。你呢？"

你："我也是！我对这家健身俱乐部一直充满好奇，每天上班开车都会路过，突然有一天，我想或许我应该试一试。你之前在这里上过课吗？"

她："去年夏天，我在这里学过游泳，游泳教练真的很棒。最关键的是，我真的学会了游泳，而且还认识了很多朋友。"

你："听你这么一说，我都非常期待这个辅导班了，顺便自我介绍一下，我叫××。"

她："你好，我叫××，你之前玩过板球吗？"

你："没有，我玩过网球和棒球。我喜欢跟球有关的所有项目，所以我想板球一定很有趣。另外，我还想找一个固定的玩伴，我想，这是一个很好的学习方式。对了，你为什么要参加这个板球班呢？"

她："我听一个朋友说，板球比较容易上手，但是也要反复地练习，而且，我也很想结识一些新朋友。所以，我就报名了。"

你："原来是这样。你知道这个俱乐部的休息室怎么样吗？每次训练后，我都会觉得很饿。"

她："听说很不错，如果你有兴趣，我们可以在课后相约进餐，或是来杯冷饮。"

你："好啊，这听起来是个不错的主意，那我们课后在休息室见吧！"

她："OK，课后见！"

在这段对话中，交谈双方就"你在这儿上过课吗？""你在这里参加过其他活动吗?”“这个俱乐部的设施怎么样？”这些问题做了进一步的交谈。不仅如此，最后他们还约定再次见面的时间和地点。这些完全是基于交谈中所透露的一些附加信息，如此，也就有了更多的问题，从而使交谈持续更长的时间。

众所周知，一个人如果不是十分刻意保持全神贯注，那么他保持注意力高度集中的状态只能够持续几分钟到十几分钟。因此，聊天的时候，为了更加自然、轻松地保持交谈，为了将自己的意思表达得更清楚，让对方充分了解，你需要将注意力集中在你所处的环境中，可以谈彼此都关心的话题、共同的经历或共同参与的领域，然后，把话题扩展到周围相关的地方。当一个话题说完巧妙地转到下一个话题时，这样便可以顺其自然地引导对方跟着你继续走下去。

说话之道 →

在交流的过程中，我们要具备控场力，而最简单同时又是最有效的控场力就是互动，这样才能创造出最大的交流价值。

不想冷场，试试在话里加点“热点”

我们常说，沟通是人类进行互动交流的主要形式，而有效的沟通往往是从彼此都感受到被对方尊重的前提下开始的。因此，为了让双方都投入对话中，让交谈持续更长时间，你需要找出对方的“热点”，或是找到他生活中真正的“重大事件”，这样交谈就不再是问题了。

这些“热点”或“重大事件”可以是他人的职业、兴趣爱好，也可以是正在计划的旅行、一项健身活动、一次公益活动，甚至是宠物，这些都是能够引起人们兴趣的主题，也是谈话对象都非常关注的事情。当然，有时候，“热点”也可以是别人一时兴起的喜好，或者近期非常着迷的美食。

要知道，每个人都有很多感兴趣的话题想和别人进行讨论。当我们尊重对方的想法，尊重对方的喜好与习惯时，良好的沟通氛围才会建立起来，聊天才会自然而轻松地继续下去。否则，对于一个一方或双方都没有强烈兴趣的话题，想要让沟通持续下去是很困难的。所以，找到别人的“热点”，既表示了我们对对方的尊重，也更容易收获彼此想要的效果。

那么，如何发现对方的“热点”或是生活中的“重大事件”呢？

首先，你可以用礼节性的问题来搜寻。通过互动聊天，你会发现对方是如何安排时间、金钱和精力的，这样你就可以发现对方关注的重点所在。

如果你得到了对方热情的回应，紧接着，就可以表达一下你对这个话题的兴趣，对方一定会认为你很在乎他，对你的印象自然也会很好。如果你没有强烈的兴趣也没有关系，只是稍微地表示下好奇对你也是有帮助的。

不过，如果和对方的谈话只涉及一些信息，你就要主动询问对方一些具体的细节，鼓励对方继续谈论他们所热衷的事情。比如，你可以说："那可是我一直都很感兴趣的公益活动，你是怎么参与的呢？"这样便获取了更多的信息，也丰富了聊天的话题，你对谈话对象也会有更深刻的了解。

值得注意的是，如果你对他人的"热点"没有事先了解，那么不妨问对方以下问题，表示你很想知道对他来说什么才是重要的：

"周末你都喜欢做些什么呢？"

"你平时喜欢什么娱乐活动？"

"你有喜欢的健身活动吗？"

"什么是你一直想做却没有做成的事情呢？"

当然，只找到别人的"热点"是远远不够的，想要保证交谈不会出差错，就要适时透露一点你的"热点"，让别人知道你看重的东西、你个人的喜好。

比如，当你受邀参加一个活动时，你可以把自己正在做的事或即将进行的计划热情地和周围的人进行分享。比如，"我对……真的感到很兴奋，你猜怎么着，我最终还是……""我非常期待这个周末，我马上就要……"

当你和交谈对象分享你的"热点"时，对方会获得更多的信息，这样，彼此才会建立起真实的链接，双方聊天时才会有很享受、很开心的感觉。也许对方不熟悉你说的话题，但是你的热情是有感染力的。

需要注意的是，不要过久地沉浸在自己感兴趣的事情上，要时刻留意别人的情绪，别忘了，没有人有义务听你对某个话题讲个喋喋不休。

说话之道 →

> 我们每个人都可以接触到范围很广的活动，而且人与人之间也会有很多共同的兴趣和生活经历。如果能把这些相同之处找出来，那么持续谈话也就变得简单多了。

最新的话题，才是聊天中的“彩蛋”

市面上，总是不乏教人说话的畅销书，只是读完之后，不会聊天的人依然不会聊天，头脑一片空白而冷场的情况依然会出现。我们之所以一再强调聊天的重要性，是因为它能促进人与人之间的交流，而人际互动更是现代人必备的一种能力。可是，现实情况往往是这样的：

“介绍完自己住在哪里，就不知道接下来要说些什么。”

“每次聊天说着说着就没话说了。”

“对方对我讲的东西总是没兴趣，那场面超冷。”

“每次都不知道要和同事聊什么，感觉总把气氛搞僵……”

再比如下面的情形：

“来，大家一起欢迎新来的伙伴阿雷！”在一家餐厅里，组长带头鼓掌，想通过欢迎会让新人尽快地融入新的团队。可是，阿雷面对这种社交场合，虽然脸上挂着笑容，但是心里无比希望赶快撑过去。

这时，一旁的同事说了一句：“嘿，阿雷，介绍一下自己吧！”

“我是南京人，毕业于政法大学。”当同事们好奇的眼光聚焦在阿雷身上时，他却不知还可以说些什么。

其实，不只阿雷，很多人与同事、客户聊天时，都经常会遇到类似的状况，担心冷场，就急于找话题填塞，却又想不出到底该说些什么。把时事拿出来讨论，怕把气氛搞得太严肃了；将在网上看到的笑话跟众人分享，又怕让人觉得太低俗。情急之下，只好拿“你住哪里?”“什么学校毕业?”“之前在哪里工作?”“周末都在做什么？”这类话题不断地进行发问。这哪里是聊天，分明是办案做身家调查。要知道，聊天只是为了让我们得以熟悉对方，并拉近双方的距离。

社会生活包罗万象，总有你想说的话、想关心的事情。想要自在聊天、轻松互动，在生活中可以建立这样几种话题数据库。

◎ 不知聊什么时，从天气说起

很多人都有过类似的体验：当我们和抬头不见低头见的人偶然遇到时，多数时候会聊到“你的服饰（或是发型）……”“今天的天气……”“你最近胖了（或是瘦了）”等等这些话题，这些话题可以引导对方开口说更多的话题。比如，当聊到对方家乡的天气时，就会无形中引导对方聊到他的家人等等，然后，你们自然就能继续聊下去。不过，如果交流的时间超过5分钟，这种寒暄的话题就撑不住了。

◎ 自己的故事是最重要的数据库

聊天的目的在于让彼此之间更加熟识，而分享自己的故事往往能有效推进你们的关系。例如，当对方说某家餐馆的烤鱼很好吃时，你可以聊一聊自己去过的口碑不错的同类餐馆，这样便延续了话题：“你知道吗？那里的菜肉蒸饺也很不错。”“他们的小菜也卖得非常好。”“下次我请你尝尝看。”

很多时候，当你分享对方不知道、没有经历过，甚至想象不到的故事时，不仅可以引起别人的兴趣，还能让对方看到你的特质。

◎ 试图挖掘他人的激情

每个人都好面子，都喜欢别人赞美自己的长处。因此，当你与初识者交谈时，不妨投其所好，以直接或间接的方式赞扬对方的长处。这样对方就会对你产生好感，接下来就可以聊对方比较感兴趣的话题，比如宠物、美食、音乐等。另外，一定要切记不能触及对方的短处，否则对方的自尊心就会受到伤害，交谈的效果就可想而知了。

◎ 时事是实用性很强的谈资

时事话题或新闻上最近经常提到的社会事件，不但是多数人都知道的话题范畴，而且能让聊天的气氛变得更加热烈。不过，若是聊到政治话题，就要避免选择很有争议的内容，否则会引发太过激烈的辩论。

总之，当你想要张口聊天，却发现自己没有什么话题可以聊的时候，你可以用碎片时间积累东西去做谈资。想变成一个讲话有料的人，就请先从丰富自己的生活开始，这样你在人群中才能得到更多回馈的声音。

说话之道 →

丰富的生活经验总能为你带来独特的聊天话题，当然，这需要日常的累积，临场发挥是很难让沟通延续、顺畅的，而扯谎更是没有必要。多参加一些活动、聚会、学习进修，都是能扩充你的话题数据库的好方法。

每个人的心里都住着一个“话痨”

在这个世界上，有很多为情商问题而苦恼的人，他们普遍存在的一个问题就是急于融入环境，并且不停地否定自己不太擅长说话，却根本没有把神经放松下来，去做一个好的倾听者。

很早以前，一位智者说过这样一句话：“其实，这世上不缺夸夸其谈的人，缺的是好的倾听者。”毕竟不是所有人都是那种滔滔不绝的发言者，也不是每个人都能像演说家那样，能够轻松调动起他人的情绪。如果你天生不善言辞，不知道该如何表达，那就不妨做一个静静地倾听别人说话的倾听者。

蔡康永在《说话之道》中写过这样一段话：“每个人在聊天时都想聊自己，这是人类的天性。但是一个‘上道’的朋友，即使听到对方废话不断，仍然能做到专注的倾听，奉上自己的耳朵。”的确如此，一个会说话的人不仅有很好的口才。当对方废话连篇时仍能做到专注倾听，这样的人才是最能让人感受到诚意和温暖的人。

事实上，当一群人都急于聊自己、刷存在感的时候，那个认真倾听、适时说话的人，才是大家最想结交的朋友。因为他们说话很有条理性、逻辑性，善于表达完整的观点，不会断章取义或是错意别人的观点。要知道，许多误解、误会都是源于我们听得太少。

举一个很实际的例子，在相亲的时候，那些直接被女方拒绝的男人身上都存在一个通病——面对而坐时，自己总是说个不停，而且他们所说的每一句话都是以“我”开头：“我的工作是什么”“我买了哪里的房子”“我的车是什么牌子的”“我理想的另一半是什么样”“我希望以后能过什么样的日子”……结果呢？这样的男人就算自身条件再优越，也多半会被女方拒绝。要知道，每个女人听到这样的话，都很难感到自己是被尊重、被关心的。所以说，即使你很会说话，若是讲起来就没完没了，也会令人生厌，因为适度沉默才是理想的表达方式。

虽然让对方知道你在注意倾听很重要，但倾听也是有技巧的，下面就介绍几种提高倾听技巧的方法：

（1）聆听最重要的是集中精力，把注意力完全放在对方身上，明白对方说了什么、没说什么，这样可以帮你接收到更多的信息，加深彼此之间的关系。

（2）真正会倾听的人善于从对方的言语中觉察出某些信息，包括对方的兴趣、情绪以及日常习惯，透过这些关键字眼，可以看出对方喜欢的话题，进而聊到对方的心坎里。

（3）聊天时，不要与对方靠得太近，如果你走入了对方的舒适区，难免会让他感到紧张，这样对方就会走神，有意拉大与你的社交距离。

（4）用自己的话简要地重述对方刚刚所讲的话，当然，前提一定是诉说对方说话的重点，这样势必会让对方觉得自己很重要，从而让对话不至于中断。

（5）每个人都有自己对某件事情的看法、结论和感受，虽然你和对方的观点不一定一致，但是你仍然要懂得尊重说话者的观点，让对方了解你一直在听，而且你也听懂了他所说的话，这样才能做到彼此接纳，建立融洽的关系。

（6）一定要保持目光接触。试想一下，如果一个人在跟你谈话时，总是目光闪烁，不敢正视你，你还会相信这个人吗？

（7）真正的倾听者不会因为自己想补充一些枝微末节，就去修正对方谈话中一些无关紧要的部分，或是随便打断对方的话。

用心倾听对方说话，可以帮你在暗中整理出其中的重点，删去无关紧要的细节，把注意力集中在对方想说的重点和想要表达的想法上，并在心中熟记这些重点和想法。

很多时候，事情成败的决定性因素并不在于你的口才有多么优秀，而在于你能否做到主动倾听、善于倾听。如果一方说得太多，而另一方说得太少，交谈就会失去平衡，而失衡的交谈会使双方都感到很不舒服。所以，保持信息交换的双向平衡，双方对彼此才能有更多的了解。

说话之道 →

每个人都希望获得别人的尊重，受到别人的重视。而倾听就是对讲话者的一种高度的赞美，更是对讲话者最好的恭维。一个给人感觉舒服、放松、愉悦的倾听者，相比一个夸夸其谈的演说家，可以收获更多的真情和真意。

恰到好处的附和，强过遣词造句

聊天需要双方一起参与，一个人说个不停，而另一个人始终在听的情况还是很少见的。大多数情况下，为了让谈话得以进行下去，一个人说了一阵之后，就要由另一个人来说，两个人之间才算有了交流。所以，人际交往中，除了主动说之外，还要懂得在倾听的时候适当地予以附和。这既是对对方的一种认同——精神上的鼓励与尊重，也是在满足对方的倾诉欲望，与此同时，你也会收获对方的好感。

有这样一个实验。在第一个阶段，实验者要求学生面无表情地听教授讲课，无论讲到哪里，都不能做出任何反应，教授也被要求照本宣科，不能表现出任何的激情。在第二个阶段，实验者要求学生对教授的话做出积极的反应，比如，和教授有眼神上的交流，时不时地附和教授，或者点点头。令人不可思议的是，教授的情绪变得十分高涨，并且时不时地会加入一些手势，语言也活泼了许多。

我们经常说，在和别人交流的过程中，要时刻保持聆听，时刻与对方进行互动。在这个过程中，附和就是一种工具，可以让说话的人受到鼓舞。当然，面对不同的情况，附和的方式也不一样，不是随意地“嗯”或者“哦”就可以的。

现在请回想一下，平时在和别人谈话时，你会怎样去附和别人呢？

当我们表示同意、认可对方时，会说“是啊是啊”“的确如此”“真是这样的”“如您所言”“果不其然”“真是太过分（遗憾）了”等附和用语。不过，单纯使用表示同意的附和用语，难免让人觉得单调乏味。

在某件事情或是某个观点上，与对方有共鸣时，我们会用这样一些附和用语："原来是这样啊。""那真是太不可思议了。""居然有这样的事。""太让人惊讶了。""我真希望不是这样。"

当某事或是某人令你感到惊讶时，常会用到这样一些附和用语："啊?""哦?""真厉害啊!""吓我一跳!""太出乎意料了!""真的吗?"由于这类附和用语加入了听者的个人感情，所以谈话气氛很容易热烈起来。

为了有助于深入推进谈话，我们常会用一些表示追问的附和用语，比如"然后呢""后来呢""结果怎样""对方怎么说的"等等。

当我们需要整理对方讲话的重点时，会用到一些表示总结的附和用语，比如"也就是说""总之""这才是重点"等等。

另外，"您见教的是""还是你懂得多"也是常见的一些附和用语。不过，这些表述虽然是在抬高对方，但是如果频繁使用，难免会给人一种自以为是、愚弄别人的感觉。

我们常说，沟通的意义在于对方的回应，如果谈话无法进行下去，只要综合应用表示共鸣、惊讶、追问的话语，话题自然就会丰富起来，也就不会再冷场了。与人交流时，自己说得多对没有意义，对方收到你想表达的信息才是沟通的真正意义。

当然，和朋友、同事聊天时，我们除了要学会好的附和方法和用语之外，也要记住让人不快的、不好的附和用语，如"那又怎样"。言者无心，听者有意，这种用语无意间也会招人讨厌。

说话之道 →

说到丰富的谈话内容，最好的方法莫过于顺着对方说话的意思附和对方，当对话无法继续下去时，善于利用这个技巧，适当变换附和的用词，就不再担心会冷场了。

是直奔主题还是闲话家常

说起闲谈，很多人总认为是无聊的，甚至是瞎聊。事实恰好相反，闲谈并不是毫无意义和浪费时间的，而是一种有用的沟通工具。在人际沟通过程中，不直接点明主题，先说一些无关紧要的闲话，然后再慢慢步入正题，可以起到一个很好的过渡作用，使沟通不至于显得过于突兀。而且还可以打破沉默，消除尴尬，创造进一步沟通的机会。很多时候，在闲聊中，我们可以验证对方的接受度，进而尝试各种话题，并由此形成默契。

在人际沟通过程中，谈话不能总是追求有意义，有时候，无意义的谈话，往往更能展现出一个人的喜好和个性，更容易拉近彼此的距离。可以说，闲聊，就像是实验室的试纸一样，可以帮你判断与不同的人沟通时，需要从哪个角度或者话题切入，而且还可以帮你判断出一个人是否容易亲近。

比如，两个不太熟悉的人交谈时，经常会出现这样一种情况：彼此会比较难确定对方的态度。在这种情形下，闲聊就能使交谈中的人们有机会表达交谈意愿，彼此之间也会收到很明确的信息：他们是愿意和我沟通、讨论的。这样交谈中的人们就会活跃起来，愿意将交谈继续下去。

再比如，在商务谈判的场合，你不能一上来就直奔主题，然后匆匆结束。虽然我们常说人在说话的过程中需要抓住重点，但不能一见面就“一二三”开谈，这样也不利于营造理想的谈话氛围和谈判基础。反倒是，如果谈判双方都会找些轻松得体的话题，闲聊上一阵，等交谈的气氛变得更友好、亲切之后，再切入正题，就相对容易继续了。

很多人不会闲聊的症结之一，就是觉得无话可说。事实上，闲聊才是能让你更出色的一种能力。因为闲聊可以使对方主动透露出更多的信息和话题。这样，你和交谈对象就有了更多的谈资，交谈也就可以进一步发展。而且，在闲聊中你获得的信息还会在后续的交谈中给你带来更多的惊喜。为此，闲谈时你一定要集中精力，记住对方的话以供你谈话时参考。

闲聊的最大妙处之一，就是帮你引导交谈，从而让话题自然而然地继续下去。当你了解了某个人喜欢谈论的话题之后，就可以用闲谈的方式，把话题引导到彼此都感兴趣的事情上，或是对目前情况最有利的方向上去。

举个例子，你和客户在一起吃午餐，但你不想在饭桌上谈生意，因为这一天的其他时间你们基本都在谈论这个话题。在这种情况下，你就需要获取更多的业务之外的信息，这既可以加深对客户的了解，对你们的非正式交谈又能起到很大的作用。

为此，你需要事先上网搜索一下，或是给你们都认识的人打个电话或发封电子邮件，找出一些工作之外的话题，而这些话题很可能正是客户感兴趣的。这样一来，你和客户午餐时的交谈就会更有趣，更令人印象深刻。

比如，当你们坐下来共进午餐时，你可以说："我听说您的书法很有一套，可以指点一下我吗？我才刚刚入门，非常想拜您为师。""我在贵公司的网站上看到，您是××组织的志愿者。我很想听您讲一讲您在那个组织中所做的工作。"

不过，有些时候，你可能事先没有准备关于交谈一方的任何信息，那么就要对交谈中的信息加以特别注意了。这时，你可以用提问或发表评论的方式引导交谈继续下去，比如："几分钟前，您提到……我非常感兴趣，您能多说一点吗?""听您提到去年夏天去夏威夷参加过一次商务会谈。在那里您最喜欢的是什么呢？"

当然，真正会闲聊的人，也要透露足够多的关于自己的信息，这样对方就可以提问、发表评论，以保持谈话的持续性。在谈话中，当你觉得某一话题已经谈得差不多的时候，那就再提供一些其他信息来更换话题，这样既可以让对方变得轻松，也可以调剂一下状态和氛围。比如，在差不多的节点，你可以说："听你说航海很有趣，其实我也很喜欢。我刚刚从三亚度假回来，那里真是太棒了！”这样就既做到了圆润地持续话题，又不会把双方都困在之前的话题里。

说话之道 →

闲聊就是让话题随意自行发展，聊到哪里算哪里。一个会闲聊的人，总是能让闲聊变成一种真正的减压工具，而不是给对方徒增压力。

结束对话也是有技巧的

在人际往来中，结束对话与开始对话一样重要。完美地结束与他人的谈话，会给沟通画下一个完美的结局，同时也为下一次交流开启一个很好的开端。想必没有人会一发觉交谈的时间到了，就直接起身匆匆离开。

然而，有时候结束一个话题比开启一个话题还难。总不能跟对方说到一半，就说“拜拜，我要走了”这种话吧。这样不仅很唐突，而且对方也会误解你是不是觉得他很无聊，从而很草率地想要离开。那么，当你不想聊个没完时，该如何礼貌地结束对话呢？

在这种情况下，你要掌握一些结束聊天的暗语，或者说是最常见的告辞行为，包括：（1）强调类（大多是短促而含蓄的赞同，比如“是啊”“对啊”）；（2）缓冲类（大多是简短的过渡词，比如“好”“嗯”）；（3）致谢类（大多是鼓励性的陈述，比如“能跟你聊聊真是太棒了！”）。

另外，学会礼貌地结束对话也非常重要。这里有一些很好的方法，可以帮你巧妙地结束对话，并给他人留下一个好印象。

（1）你可以使用“抱歉”“请原谅”“谢谢你”等短语，这会显得你很有礼貌、很有教养。

（2）告诉对方，你接下来要做什么，比如“我将……”如果你没有好的理由，那就想一个确切的理由。可以是工作、预约，或者仅仅是很忙。比如：“很抱歉，我得走了，因为我刚刚想起来今天下午5点，我有一个预约，我恐怕要迟到了。”你不需要打断对方，但是一定要清楚地告诉他你要去哪里。

（3）给予赞美。比如：“我很高兴能和你谈话。”“我很享受我们之间的交流。”如果你赞美别人，那么没有人会介意你的离开。

总之，请记住，你需要时刻用礼貌的态度谈论接下来的计划，而且你的理由一定要合理、清晰，若是能做到赞扬你的交谈对象，那就再好不过了。

当然，有时候你的交谈对象并没有意识到谈话该结束了，嘴上还是噼里啪啦说个没完没了。举个例子，眼看时间一分一分地过去了，一位做事经常拿不定主意的拜访者觉得自己真的该走的时候，站起来吞吞吐吐地对主人说：“呃，现在，我想我……”主人马上就接着说：“噢，你这就要走吗？时间真的还早呢！”结果可想而知，拜访者继续陷入尴尬、犹豫之中。

当你无论怎么暗示都不能让对方闭上嘴的时候，你首先要控制好自己的情绪。如果可以，请尽可能地保持微笑，认真听对方把话讲完。要是自己当场发火失态，那你就输了。当然，为了让你的口才得到更有效的提升，让你的形象礼仪得到更大的改进，你还需要掌握以下技巧，来帮你优雅地结束这样的对话。

◎ 过度认同法

你需要认同对方说的每一句话，与此同时，在肢体动作上，逐渐加强点头的力度，直到对方摸不着头脑为止。为此，你可以这样说：

“你的话对我很有启发，谢谢你！”

“感谢你给我讲了这个问题。”

“我认为你的想法很不错。”

“我会认真考虑你的建议。”

“放心，我会努力去做的。”

◎ 逐渐微笑靠近法

当对方说个不停时，你可以逐渐逼近对方，等到无法再靠近时，展露出你灿烂可人的微笑。当然，你也可以一边做动作，一边说：“跟你聊天，我感觉真开心。”

◎ 被迫离开法

你一面摆出一副很想跟对方聊天的样子，但同时又摆出有人要拉你走的一幕，从而达成双赢的结果。

◎ 活络四肢法

你可以假装看看自己的四肢经过滔滔不绝的聊天后是否还能继续运动，然后趁机顺势逃走。

说话之道 →

很多时候，会结束谈话的人比会说话的人还厉害。你需要事先准备几句能让你顺理成章结束对话的说辞，与对方聊一段时间后，就可以派上用场了。

第六章
僵局：说好难说的话，轻松促成有效对话

原本想活跃气氛，一开口却让气氛更冷；原本是好意提醒，一开口却被人误以为是在挖苦……很多人之所以常常经历这种尴尬的事情，原因就在于不懂得说话之道。有时给摆脱僵局的话加一点儿料，更能轻松促成有效对话。

总有一些情况在我们的意料之外

不管你的交谈水平如何，都有可能遇到不顺利的局面。尤其是突发情况，更是完全在我们的预料之外。下面，我们就列举几种常见的糟糕状况，并讲解遇到这些状况时我们该怎么应对。

◎ 彼此意见不一致

在交谈的过程中，彼此对某件事情的看法完全不一致，是很正常的现象，这时如果有人提出了不一样的观点，试图改变对方的想法通常不太可能。相反，如果我们能够保持冷静，仔细倾听对方在说些什么，尝试站在对方的角度去思考问题，对方多半会更愿意和我们交流。

例如，在类似情况下，你可以这样回答对方："我一直都和你的想法相反，你是第一个告诉我这么看待问题的人，我想仔细听你说说你的想法。"

◎ 遇到行为粗鲁的人

在与人沟通的过程中，我们时常会遇到一些人做出粗鲁的行为。如果对方是你的同事或经常打交道的人，你很可能会找一个恰当的时机，用温和的方式去解决。但是，如果你并不了解对方，或者说你们的关系并没有多么密切，这么做就是枉然。

要知道，粗鲁之人对其言语给他人带来的影响并不敏感。如果你在言语上受到了这种人的攻击，并且非要做出回应的话，可以尝试冷静审慎的方式，说："你真的想要用刚才那种方式给他人留下印象吗？"如果这样的话让粗鲁之人意识到了自己行为的过错，并主动做出改变，就能冲淡交谈的不悦。如果没有，离开绝对是个明智的选择。

◎ 对方表现得很生气

一般来说，当一个人很生气时，几乎很难听得进去任何符合逻辑的话语，这时任何说理都有可能是火上浇油。若是懂得花点时间考虑一下对方的感受，也就能很容易化解他们的情绪了。情绪一旦化解，他们就可以平静且逻辑清楚地描述事情的具体情况。为此，你可选择这样的表述："据我所知，你对此事的态度很强硬，是不是这样呢？"

◎ 遭遇他人不恰当的幽默

很多人都有这样的感觉：交谈时，若是幽默使用不当，不仅不会有助于交谈，反而还会让交谈变得更糟。那么，这种时候我们要不要说些什么呢？

如果你和对方比较熟，就可以善意地提醒一下，最好在交谈结束后，选择一个恰当的时机。但是，如果你并不认识对方，说话的时候就要格外注意自己的措辞。如果对方毫不领情，继续我行我素，你可以直接离开，这也能很好地表明你的立场和态度。如果你认为有必要和对方好好地谈一谈，就要把握好说话的措辞和时机。例如，你可以这样说："哦，这个有些尴尬。我觉得我们可以换个话题。""我们可不可以换个时间再谈？"

记住，你的目的是让对方注意到他的言行，而不是给予纠正。如果你所说的话让对方觉得是批评、指责，就不会起到任何作用。

◎ 对方不停地批评你

对于他人的批判、指责，相信任何人都会难以接受。那么，假如被批评的人是你，你又会怎样处理呢？

首先，我们可以肯定的是，在这种情况下，有些做法是行不通的。比如，直接忽视，你很可能受到更大的伤害；假装什么事情都没有发生，对方往往会更加肆无忌惮；为他们的行为找借口，对谁都无益；以牙还牙，也许这正是对方所期望的。

相反，你应该时刻提醒自己保持冷静，然后想想他们为什么突然把矛头指向你。或许对方所说的一些内容并非完全没有道理，若是果真如此，那就认同对方观点中正确的部分，虽然这很可能与你的观点不同，但也没有关系。

在这种情况下，你可以这样提问："我真的想知道你的情绪为什么会如此激动，你能不能告诉我，你对我的处境有什么看法（有什么可担心的）？"

◎ 有人向你频频抱怨

有些人看问题的心态习惯于消极悲观，与这样的人在一起交流，你经常会听到他们的抱怨声。遇到这种情况，最好的沟通办法就是选个恰当的时机，很随意地和对方聊聊，比如，"我们下周末一起喝杯咖啡怎么样，我正有些事情想和你聊聊呢。"言谈中，可以告诉对方，当他们的情绪变得消极悲观时会给他人带来哪些影响，对人际关系会有怎样的不利。

◎ 有人给你施加压力

在生活中有这样一种人，总想着改变别人的行为。比如，当你和他们交流时，他们总想说服你参加某个组织，换个发型，或者买只宠物，等等。

这个时候，你不用同他们争执，只需简单温婉地回答即可。比如，"不，谢谢。我不想那样。""不，谢谢。我不打算参加。"如果他们还是咄咄逼人，或是给出依据，你都不要和他们争论，只要坚持自己的想法就可以了。当得知你的观点无法反驳时，他们自然就会放弃。

◎ 遇上喋喋不休的人

有人说起话来总是无休无止，你想插句话都很难。这时，可以借机离开，或者抓住他们所说的内容，提出新的话题，将交谈引向新的方向。比如，你可以这样说："你的观点很棒，这让我想起了……"若是尝试几次后，依然无用，那你就索性离开。

◎ 假如有人总是插嘴

偶尔插嘴是可以理解的，但是，如果有人总是频繁打断你说的话，那该怎么办呢？一种直接的做法就是干脆地说："请等下，让我把我的想法说完再转变话题。""稍等，如果我没有说完，一会儿就忘了，请让我先说完。"

如果插嘴之人还是更愿意一个人唱独角戏，不愿和他人交谈，那就只能结束这次交谈。独白和交谈完全不同。独白只需要一个人，所以，你没有必要因为离开一个愿意独白的人而感到不安，对方并不需要你的配合。

说话之道 →

说到交谈之道，其实并不存在完美的做法，只有真正在意对方，将对方放在自己心上，才是控制局面的最佳工具。

异议有商量

在处理不同意见时，很多人经常会表现出孩子气的一面，生气、埋怨、发脾气，甚至是无理取闹，强势一点的人则会采用强迫、施压或威胁的方式，来达到自己的目的。虽然目的达到了，但是由于沟通方式和说话态度存在问题，让对方感到很不舒服，结果影响了长期的互动与合作。

还有一些人在面对不同意见时，首先考虑的不是意见本身、事情本身，而是“我竟然被别人否定，这实在是太难以接受，也太没面子了”。对他们来说，不同意见就意味着对自己的否定。所以，他们总是迫不及待地提出自己的意见，并且希望马上被别人采纳和接受。

不过，也有一部分人认为，表达自己的意见其实并不是一件容易的事，若是尺度没有把握好很容易变成批评。这也是很多人更倾向于保持沉默的原因所在。在他们的观念里，因此而产生分歧不利于人际关系的和谐，根本就是得不偿失。

世界上没有任何两片树叶是完全相同的，没有任何两个人的思想是完全一致的。在沟通中，有不同的看法是必然的。面对不同意见，大家一致通过固然是理想的状态，但凡事不能太过武断，若是一次意见上的交流，上升到互相否定和攻击的程度，就很难解决问题了。或许你已经发现，那些卓越的领袖并不会全盘拒绝他人的反馈意见，而是以敞开的心态倾听这些意见，但同时对自己的价值观和想法持有足够的信心。

其实，恰到好处地表达自己的不同意见，既是一门艺术，又是一种必备的说话能力。现在，让我们假设有人向你提出建设性的反馈意见，你该如何坚持自己的立场而又不被他人影响呢？这里分享几种方法。

◎ **认真聆听，然后请求对方允许你分享意见**

在充分聆听别人的观点后，你可以进一步分享自己的观点。比如，你在仔细聆听了对方的意见后，需要征求一下对方的意见，是否可以分享一下你的想法：“再次感谢你提出的反馈意见，我会认真地考虑你的建议。现在我可以谈谈我的一些看法吗？这或许会使整件事的来龙去脉更清楚。”

◎ **用商量的口吻和对方说话**

当你坚持自己的意见时，也要顾及别人的面子，这就要学会换位思考，用商量的语气和对方好好沟通。对方听了，就算不愿意否定自己的看法，也会认真考虑你的想法。毕竟你尊重别人了，别人也会尊重你。

◎ **用辩证的方式与对方进行交谈**

彼此沟通时，先肯定对方的看法，再说出自己的看法。切记，一定要表述清楚支持自己看法的理由，这样即使对方想要否定你，也会比较容易接受，而不至于让谈话气氛变得很紧张，令对方难堪。

◎ **表现出为难的样子**

很多时候，当与对方的意见分歧比较大的时候，你在说出自己的想法之前，不妨表现出犹豫、迟疑的一面，或许对方就会做出让步，让你说出自己的想法了。

◎ **借对方的观点引出自己的观点**

为了表述自己的观点，你可以从对方的观点中逐步推测出可能出现的状况或是不良后果，从而引出你对某件事情的看法。当然，前提是要找出对方观点的不足之处，并且一定要实事求是，不能随便捏造。

◎ **借助同类事情支撑自己的观点**

很多时候，我们会觉得直接说出自己的不同观点比较困难，在这种情形下，可以借助一些同类事情来说明自己的观点，也就是用事实来说话。

◎ **开阔对方的视野**

在某些情况下，当谈话很难得出结论时，我们需要换个角度，用另外一种方式来表述我们的意见，比如，你可以这样说：“谢谢你分享了你对这件事的看法，在这个问题上，我和很多人都谈过，一些人跟你的观点一致，而另一些人的意见则完全相反。所以，我需要全面听取大家的反馈意见，这样才能制定出一个最佳策略，你认为呢？”

说话之道 →

因为每个人的意见不一致，所以才需要沟通。如果每个人都很容易跟别人意见一致，也就没有所谓的沟通技巧了。

讲了蠢话，就要负责

很多人都有过类似的经历：当你在楼下抱怨某位邻居晚上吵吵嚷嚷时，却发现这位邻居竟然神不知鬼不觉地从你身边走过；下班后，你以为老板也走了，就跟同事讲了对老板的不满，谁知老板竟然突然出现在你面前；在某个社交场合，你口无遮拦地提到“胖子”这个词，谁知人群中刚好有一位肥胖者在场……

俗话说，说话是最容易的事，也是最难的事。说它容易，因为三岁的小孩也会说话；说它难，因为就算是擅长辞令的外交家也有说错话的时候。可是，很多时候，我们总是不会说话，老是说蠢话。如果说谣言能把假的说成真的，那么蠢话就像是一把利剑，在别人毫无防备的时候，刺入人心，不仅伤了彼此的感情，也寒了对方的心。

在日常沟通中，很多人常常由着自己的性子说话，本来可以私下说的事情，非要搞得人尽皆知，让别人下不了台。有时甚至还会口不择言地说一些自以为是的话，伤人而不自知。说话不过大脑、无视他人的感受、不克制情绪、只图自己快乐的人，简直就是自私、不负责任的人。

人与人之间之所以能够建立亲密的关系，很大程度上依赖于言语上的沟通。言语的力量是巨大的，蠢话则是阻碍人际沟通的一枚地雷。我们说的每一句话代表的都是我们自己。即使是很随意的对话，别人也会借此对你评头论足。嘴连着心，说话不懂得拐弯，就是情商低的表现。

一位作家说过：“愚蠢的人用嘴讲话，聪明人用脑说话，智慧的人用心说话。”一个人说话的方式，往往决定了他是聪明人还是愚笨的人，一味地说些言不由衷的话难免让人拒而远之。高明的语言，绝不是夸夸其谈、雄辩过人，而是能共情、会说理，让别人感到舒服，这一切，都来自你对别人的观察、理解和尊重。

为了避免祸从口出，你要做到事先预防，保持沉默或中庸，直到你能够很好地控制自己的情绪和言行，不会不管不顾地把脑袋里的想法统统都说出来。

然而，很多时候，说出的话就像是泼出的水，即使你愿意付出代价，收回你所说的蠢话，人们仍然不会忘记你的失态。这时又该怎么办呢？那就真诚地跟大家道一个歉吧，让别人相信你已经知道了自己的愚蠢，而且非常后悔自己的所作所为。在这种情形下，你可以这样说：

“我简直是太愚蠢了。”

“请你原谅我，好吗？”

“我对自己所做的一切感到非常抱歉。”

“我非常抱歉，我不该那么说。”

“我没有考虑别人的感受，我知道我很不像话。”

“我对自己的所作所为深表歉意。”

很多时候，一句无心的蠢话，不仅破坏了沟通的氛围，还会导致祸从口出。真心为你所做的不当的事、所说的无所顾忌的话道歉，才能让自己的道歉话语说到对方的心坎上。

说话之道 →

没有绝对正确的说话方式，谁也不能保证说出的话肯定不出错，懂得在什么时候说什么话，说得合不合适，都要经过大脑的思考。

道歉不是简单地说声“对不起”

俗话说：“说者无心，听者有意。”一个人若是不小心冒犯了某人，或是因为某些原因伤害了他人，无论何种缘由，道歉如果得当，对个人名誉和人际沟通均有促进作用，但是如果道歉方式欠妥，反而会错上加错，有时甚至还会造成不堪设想的严重后果。

虽然很多人都知道犯了错误就一定要道歉，这样矛盾才可以得到化解的道理，但是大多数人一旦身处窘境，往往会否认事实，并且尽量大事化小。另一种情况是，即使道了歉，对方也很难感觉到，因为道歉一方表现出的尴尬或愤怒早已使这种道歉变了味儿，这就会造成不堪收拾的后果。

因此，要想正确地道歉，尤其是在现今的社会，不是一句“对不起”就能搞定的。你也许会说，“对不起”可是我们最常用的道歉方式。没错，当你的购物车不小心撞到了其他顾客的购物车，或是你外出就餐忘记埋单时，这种道歉方式是很合适的。但是，当我们遇到更加复杂的情况时，怎样道歉才能既使自己摆脱困境，又让他人真正感受到你的歉意，让关系和好如初呢？只有领悟其中的技巧以及禁忌，你才能真正向对方传达歉意，以防火上浇油。

对此，首先你要想清楚自己做错了什么。清楚地认识到自己的错误，并有针对性地道歉，效果才会更好。比如，你是不是说了一些非常敏感的话？你的行为是不是冒犯了某人？你是不是违背了约定？无论什么情况，你都不要猜测自己是否做错了什么，也不要纠结自己做的对不对，只要有人因为你的行为受到了伤害，你就需要向对方表示你的歉意。

需要注意的是，有些时候，你需要立刻道歉，这样才不会被他人定性为性格上的污点，而只是判断上的失误。然而，有些时候，你的道歉则需要等一等。因为如果立刻致歉，对方受伤的心可能还没有平静下来，根本无法接受你所说的话。

很多时候，有效的道歉不是为自己狡辩，更不是为了骗取别人的宽恕，而是敢于承担责任的表现。迅速而毫无保留地承认自己的确做错了，对方才会看到你的真心。如果你在道歉的时候，还在为自己找借口，那么这就不是道歉。

来看下面的两组案例：

正确："老板，真的很抱歉！我又迟到了。我知道我应该在10分钟前就到办公室。希望我的迟到不会给您和其他同事添麻烦。"

错误："该死的堵车，真是倒霉！老板，我很抱歉，我不是故意要迟到的。"

正确："亲爱的，我很抱歉忘了你的生日。我希望你不要感觉自己被忽略了。我希望你能再给我一次机会，好吗？"

错误："请原谅，我忘记你的生日了，今天实在是太忙太累了，同事临下班出了差错，我又耽误了一个小时。"

在采用错误道歉方式的案例中，我们看到的是当事人在推卸责任，他们暗示甚至认为自己并没有做错什么，还试图把责任转嫁到其他人身上。很多人习惯使用"请你原谅我""对不起"这样的话来避免承担责任，要明白缺乏真挚的道歉就是敷衍了事，相反，真诚地为你的所作所为向对方致歉，这样才有可能修复你和对方的关系。因此，道歉时一定要集中于你自己犯的错误，不要责怪其他人，也不要试图减轻自己应该受到的指责。

另外，向对方表达歉意时，还要考虑到你的行为所造成的后果。即使你不认为你的做法会引起如此大的反应，但是预警依然是非常重要的一点，例如，你可以这样说："我知道你对我所说的话一定会感到很生气。""我知道你对我很失望。""我估计你要是让她滚开，她会对你发火的。""我知道你在等我。"

最后，你需要向对方表达你的感谢。比如，在亲密关系中，你需要告诉你所爱的人，你一直爱着他们，描述一下你的生命中如果缺少了他们的信任和陪伴将会怎么样。总之，你需要对对方在你生活中所扮演的角色表示赞赏，并且明确地让对方知道你不想破坏你们之间的关系。

以上就是道歉的一些重要原则，一旦掌握这些原则，你就可以在表达道歉时根据不同事件加入一些商量、解释，这样的道歉才是真诚的、完整的。否则，你的道歉将会失去意义，而你们之间的关系也无法和好如初。

说话之道 →

如果对方不肯接受你的道歉，那么就要感谢一下他们肯花时间听你说话，然后留一些余地，可能他们稍后就会有所转变了。要知道，有时候，那些受伤的人是愿意原谅你的，只是他们需要一些时间冷静下来。

把后果告诉对方并不是件坏事

任何一件事情有开始，就会有结果。当一件事情没有进行或者正在进行时，结果是好是坏是无法确定的。可是，人们生来都只喜欢好的结果，不喜欢坏的结果。那么，我们到底要不要告诉对方不好的结果？又该怎样开口呢？

虽然事情已经发生，结果已然出现，但是无论是好是坏，我们都要接受。但是很多时候，当我们把不好的结果告诉对方时，往往会影响沟通的效果，所以我们常常选择不把不好的结果告诉对方。

每个人都希望看到好的结果，而不愿意接受坏的结果，这是正常人都有的心态。但我们又都有这样的想法，就算心里再不愿意接受，还是会想知道真实情况。

其实，我们把真实的后果告诉对方，就是在加深彼此的感情，就是在为沟通加分。在沟通学中，有一个著名的布朗定律，就是说，我们一旦找到了打开对方心锁的钥匙，就可以反复用这把钥匙去打开对方的心锁。人与人沟通时，打开对方心锁的钥匙就是真诚。

例如，当我们这样说："虽然会出现这样的后果，但是我不想对你隐瞒。""我是真诚的，我希望你能明白。"相信大多数人都能读懂这样的潜台词，也能感受到你的真诚，更会觉得你值得信任、值得交往。这奥妙就在于这些真诚的话语产生了撼人心魂的作用，真诚在此处胜过了任何的沟通技巧。

人际沟通就是这样，当对方感觉到了你的真诚，愿意相信你时，那么，那些看似对交流不利的后果，反而会变成促成交流的工具。

小K是某房产中介的一名金牌业务员。有一次，她接待了一位中年客户。在详细征询过客户的意见后，她很快为对方挑选了一套户型。

“赵先生，根据您的喜好，我认为这是目前最适合您的户型了。”小K一边用手指着一块沙盘模型，一边耐心地介绍：“您看，我所说的户型就在这个小区，这里不但绿化覆盖率高，而且物业管理也很规范。最关键的是，这个小区有一个非常大的优势，就是居住环境很安静。您刚才说，您希望自己的家有一个安静舒适的环境，所以我向您推荐这个小区，它基本上可以满足您的购房需求。”

“嗯，我听明白你的意思了，可是，我有个疑问，既然这么好的房子，还是精装修，怎么标价才六十多万元？据我所知，相比这个街道的房价，这套房子的售价有些偏低。”赵先生提出了自己的疑问。

小K笑了，说：“赵先生，这也正是我要向您明确告知的一点。跟您说实话，这套房子无论从哪一方面来看，确实都很好，唯一的缺陷就是距离市中心还有一段距离。虽说目前公交线路已经配套好了，但是否有地铁规划还是个未知数。所以，这很可能会在一段时间内给您的出行带来不便。不过，如果您家里有车，那就另当别论了。这里我可以坦白地告诉您，之前有几位跟您年纪不相上下的中年人也看中了这套房子，最后因为顾虑出行的不便，只好放弃了。”

说到这里，客户笑了：“原来如此，不过我刚好有车，自己也有驾照，那这个问题也就不成问题了。这房子，我要了。”

通常人们认为从事销售工作的一定得能言善辩、巧舌如簧。但案例中的小K却自揭其短，把自己推销产品的缺陷说出来，并把缺陷带来的后果也跟客户讲明白，这并非是搬起石头砸自己的脚，而是注重赢得别人的信任，让客户感受到自己的真诚。她的做法无疑是最正确的。虽然她暴露了房子的缺陷，道出了后果，但这才是最有效的沟通方法。正如一位已经升任为CEO的老销售人员所说：“善于倾听才是他的秘诀，夸夸其谈，试图诱导顾客的思路是很愚蠢的。”

人其实是一种奇怪的动物，对那些口吐莲花，喋喋不休只讲好处、不讲坏处的人，往往会萌生强烈的反感和抗拒心理，可是如果我们能够适时说出后果，对方一定会看到我们的真诚。在这种情况下，再与对方沟通也就变得容易多了。

说话之道

在人际交流中，只有充分了解对方，进入别人的内心，我们才能取得满意的结果。把后果告诉对方，就是一种最常用的简单的方法。

尴尬时，就做自己的“高端黑”

与人沟通的时候，你最担心的是什么呢？被别人有意无意地奚落、挖苦、讥讽，相信没有比这更糟糕的事情了。面对这种情况，我们应该怎么办呢？

其实，越是在这种尴尬的时候，越是不必生气抓狂，不妨学一下自我解嘲——以自黑反击他黑。自黑是一种独特的沟通方式，也是一种个人修为的境界。自黑看似无厘头，却藏着说话办事的最高境界。

阿卡是一个超爱自黑的女孩。有一次，在她的大学同学聚会上，大家正闲聊天，聊着聊着就说到了体形这个话题。

这时，突然有同学拿阿卡打岔说：“大家都应该向我们的阿卡学习，要那么苗条干吗！”

阿卡当时就接过来说：“我胖吗？不是挺瘦的嘛？才130斤！呵呵。”

如果换作是个心细如织的女孩，面对这种挑衅的场面，恐怕足以引爆隔空开骂的阵仗。可是，对于爱自黑的女孩而言，完全是副不屑一顾的样子。

都说相逢一笑泯恩仇，很多时候，为了巧妙地化解尴尬，不妨加上几句自黑的回答，这样不仅能破除尴尬，还容易让对方接纳你，体现你大度的一面。

自黑是宣泄积郁、改善氛围、破除尴尬的良药。睿智的自黑，可以让你恰如其分地解决当前危机。这就好比钓鱼一样，你只需镇定自若地坐在那儿，让线垂于水中，一动也不动，不必刻意去想什么，或是担心什么。然后，待鱼儿欢快地咬钩时，你用力地将鱼竿提起，那一刻的释放和满足感顿时会愉悦心头。如此一来，内心的紧张情绪和挫折感顿时消除。

在台湾某电视台40周年的台庆晚会上，吴宗宪应邀出席，然而，令人感到惊讶的是他那鸟窝一样的发型着实有些突兀。

主持人戏谑道："宪哥，你今天真的是好帅啊！鹤立鸡群！"

对此评论，吴宗宪没有露出一点不悦的表情，反倒自我圆场道："哦，我以为今天是来参加运动会的。"随即引来大家的一阵笑声。

吴宗宪又接着自我解嘲说："大家有所不知啊，自从我开了LED公司，白天当工人，下午当艺人，晚上简直就不是人，累啊，天天人不人、鬼不鬼的。"大家一片笑声和掌声。

当别人说吴宗宪的发型像鸟窝时，他就借机调侃自己是来参加运动会的，刻意曲解大家的意思，为自己的着装找到了最好的理由。他不仅对别人的调侃丝毫不在意，还敢于继续拿自己开涮，自嘲天天人不人鬼不鬼的，大家在忍俊不禁的同时，直呼"太可爱了"。在一来一去的回应中，吴宗宪利用幽默不仅化解了尴尬，还活跃了现场气氛，令人印象深刻。

自黑是一门语言的艺术，恰到好处的自黑不仅不会贬低自己，还会起到"黑到深处自然红"的效果。而敢于自黑的人，更是不惧任何人对自己或恶意或善意的抹黑。不过，自黑虽然是一种幽默沟通的艺术，但也不能将自己一黑到底，得体自然地传达你的态度即可。

说话之道 →

在与人沟通交流时，难免会遇到尴尬场面，而恰当的语言表达形式常常能使紧张的气氛变得轻松，使窘迫的场面变得自如，把被动变为主动。

遇到冷场，就想办法将其炒热

在人际沟通中，经常会出现冷场的情况，让彼此都很尴尬。冷场，无疑是人际沟通的一个“冰块”，处理不好就会影响交谈的效果。

有位男士去相亲，自始至终都在聊最近热播的欧冠联赛，说得起劲时，激情澎湃、眉飞色舞。后来，女方假装接了一个闺密的电话，说有事要先走，男士一脸茫然……

这是很多人在聊天时经常会犯的一个严重的认知问题：以为自己熟悉或是喜欢的事物，别人也都会了解。可问题是，如果对方对你根本不了解，就会很难参与交谈，还会感到索然无味。在聊天的过程中，如果一方感觉自己无法参与话题，或者聊跟自己的生活毫无关系的话题，往往不愿意继续聊下去，结果就会出现冷场。

还有一种情况是，在某些交流中，听者仅以“嗯”“哦”之类应付，原因多半在于发言者的话实在缺乏吸引力，听者仅仅是出于礼节上的尊重而扮演一个“接受”的角色。可以说，这样的冷场完全是发言者的失败，因为它不能达到彼此沟通交流的目的。

一般来说，这几种情况存在时，最容易出现冷场：初次见面，彼此不太相识；交谈双方在兴趣、爱好上存在很大的差异；年龄、职业、地位、性格差异大；彼此之间存在利害冲突；长期不交往而比较疏远的人；双方的性格都比较内向；异性相处，尤其是单独相处时。

在现实生活中，很多人在遇到上面这些情况时，总是会下意识地去背话术、背套路，以为背熟了，聊天就没问题了。可是，人并非机器，终究会受到外界环境的影响。与其恨不得让自己回到一秒之前，给自己一个重新组织语言的机会，不如好好想一想，若是不幸把天聊死了该怎么解救的问题。

◎ 根据聊天现场的情况随时变换话题

比如，早上一到办公室，你就与同事聊今日凌晨电视直播的一场世界杯足球赛，可是同事对此并不感兴趣，也没有在半夜爬起来观看，因此对你所说的话显得毫无兴趣，出现冷场。

我们常说“见什么人，说什么话”，会不会聊天就在于你能不能引导话题，展开话题，让他人产生兴趣并参与。聊个不停不是聊天的目的，想办法吸引听众的注意力才是你的本事。一旦遭遇冷场，就要懂得暂时变换话题的但是，当你的目的达到后，仍要回到原有话题轨道。

比如，一位教师在讲课过程中发现有些学生注意力分散，有的打瞌睡，有的窃窃私语，于是，就暂停讲课，穿插了一个与教学多少相关的趣闻，学生的注意力便一下子集中起来。之后，这位教师又继续讲课。

◎ 让对方参与到谈话中

一天晚上，你和三五好友一起在街上散步，突然一人指着夜空中的月亮说：“哇，今天的月亮好圆啊。”

如果你不懂得一定的说话技巧，你可能会直接回答他：“是啊，好圆啊。”

结果，话题就此结束。彼此都觉得枯燥乏味、无情趣。

相反，如果你换一种表达方式，效果就会截然相反。

“是哦，今天的月亮果然很圆呢。要是我，肯定不会发现这个，怪不得你平时文章写得那么好，原来是观察力就很棒啊。”

“哎，不是的，我只是刚才吃了点大蒜，想看看自己是不是有口气。”

“敢把自己吃了大蒜的事如实说出来，果然像你，真诚有魄力。”

很多时候，话痨和健谈者最大的区别恐怕就在于前者过于自我而令人生厌，后者不光话说得多，还善于谈话。既然是谈话，就是人与人之间的事情，所以就更要注重沟通与交流了。

◎ 无聊不如不聊

任何发言者都不愿意碰到冷场，但是如果这种情况真的出现了，而自己在采取了变换话题等控制手段后，仍然不能扭转冷场的局面时，那就应该果断地中止交谈。比如，你同一位女性朋友谈足球，而她没有丝毫兴趣，之后换了一个话题，对方仍然不感兴趣，就不要再谈下去，俗话说“话不投机半句多”，长时间的冷场对交流双方都是残忍且浪费时间的。

值得注意的是，冷场的出现，不仅仅与话题有关，还应该注意其他一些细节：

如果你的为人过于清高、架子大，难免让人敬而远之，造成双方的沉默。为此，在交谈中你需要表现得更加主动、客气以及随和一些。

如果你是那种盛气凌人的人，与人沟通时，不妨谦虚一些，多想想自己的短处，适当褒扬对方的长处。聊天不是辩论，也不是开会解决问题，而是为了放松下来，增进彼此的了解。故意显得自己厉害，有意无意贬低对方，都是不可取的聊天态度。

如果你讲起话来总是漫无边际、口若悬河，聊天就会失去平衡。因而，讲话时应做到适可而止，给对方说话的机会，而不是你自我的吹嘘和表现。

说话之道 →

如果你不想把天聊死，就不要背话术或抖机灵，而要事先做好准备，储备足够的“库存话题”，以备不时之需。时刻不忘提升自己才是至关重要的。

谁说表达不满必须正儿八经

拥堵的交通，糟糕的服务，毫无成效的会议，倔脾气的孩子……现代生活中可抱怨之事简直是太多了。不过，有几个人能够恰到好处地表达自己的不满情绪呢？也许很多人会说："我常常告诫自己要控制自己的情绪，平时也想得好好的，但是情绪一上来还是刹不住车。"想必不少人对这样的回答都很有共鸣。

人们在一起的时候难免会有分歧、争执、误解，甚至是伤害，不爽当然要说出来，问题是说出来之后，结果会怎么样呢？如果真的打算与他人决裂，那么可以不考虑后果而任性而为，但如果还想在一起，或许希望让你感到不爽的对方重视并且下次改正，自然就得好好想想办法了。

与人交流时，如何表达自己的不满情绪有一定的学问，特别是对于一些非原则性的问题，要做到既能表达出对对方的不满，又不至于破坏和谐的人际关系，确实不是一件容易的事。这里分享一些技巧，相信能对你有所帮助。

◎ 岔开话题，转移注意力

在社交场合，如果某个问题弄得交谈双方都很对立，甚至阻碍交谈顺利进行，那么我们可以用轻松、愉快的话题来活跃气氛，转移双方的注意力，或者用幽默的话语将严肃的话题淡化，从而缓和尴尬、僵持的场面。

比如，朋友之间为了某个问题争得面红耳赤、僵持不下，或者当尴尬或僵局出现时，说一个笑话，让双方的情绪平缓下来，沟通也会得以顺利进行。

◎ 从侧面委婉地点拨对方

用提问的方式让对方逐步意识到问题，这样做就是从侧面委婉地点拨对方，使其明白自己的不满，而不是直言相告。

“老公，你觉得今天的聚会怎么样啊？”

“很好啊。”

“你有没有发现吃饭时我都没有怎么说话呢？”

“哦，是吗？我没怎么注意到。”

“其实，我还是更愿意和你单独在一起。”

“其实，我也想二人世界，只是这次实在躲不开……”

委婉含蓄地点拨对方不但可以使对方明白你的想法，而且相比口无遮拦、直截了当，它更能体现一个人的语言修养。相反，直言不讳、开门见山虽然简单明了，但给人的刺激太大，容易伤害对方的自尊心。

◎ 找个借口，给对方台阶下

在人际活动中，若是不小心做出了不合时宜或不合情理的事情，可能会导致整个局面陷入尴尬和难堪。在这种情形下，不妨换个角度或是找个借口，以合情合理的解释证明对方有悖常理的举动在此情此景中是无可厚非的、合理的，这样一来，对方的尴尬解除了，沟通也能继续下去。

◎ 换个角度来表达你的想法

很多时候，当你总是站在自己的角度对他人发泄自己的不满情绪时，别人一定会对你心生不满，甚至还会在心底嘲笑你的自私和无知，你自己也会因此而愧疚。其实，懂得站在别人的角度看问题，在理解别人的基础上表达自己的看法，才是一种行之有效的方法。

◎ 表达的内容要一致

毫无疑问，当我们被他人当众指责时，一定觉得很难堪。在这种情形下，你要郑重地告诉对方：“我对你的这种言行感到非常愤怒。”但是你表达的情绪一定要与激起情绪波澜的事件在内容上一致，不可以把与此事无关的事情牵扯进来，否则只会把问题搞得更复杂。

◎ 同水平原则

你在表达情绪时，要与引起不满情绪的刺激强度相吻合。比如，朋友随口说了一句“你今天的发型简直是太难看了”，如果你怀疑他是有意针对你，并大发雷霆，就不太合适了。在这种情况下，尽量做到淡然一笑，然后温和地指出他的话有点伤人即可。

说话之道 →

表达内心的不满情绪，不一定非要宣泄不可，这样的结果很可能是两败俱伤。换一种方式，把该说的话委婉地表达出来，不仅能解决问题，还能让事情往好的方向发展。

第七章
言之有忌：让修养渗透在每一句话中

会说话是一门学问，说话有分寸能体现一个人的基本修养。会说话的人，其语言就是蜜糖；不会说话的人，其语言就是利器。知道怎么说话，知道何时说话，知道不乱说话，是为人处世的基本原则。

粗鲁地否定他人，结果只会否定了自己

在生活中，我们总能遇到那么一些人，无论他们怎么掩饰，我们都能嗅到他们身上的火药味，这些人总是习惯以批评、鸡蛋里挑骨头为乐，粗鲁地否定别人的建议。其实别人的观点，说出来一定有他自己的道理。很多时候，当你否定别人的时候，就算你是和颜悦色的，对对方而言，也是“温柔一刀”。

让我们假设一下，谈话对象这样说：“你知道吗？昨天晚上，我看了一部动作片，真的很精彩呢。”

恰好你也看过这部电影，可是你觉得没什么意思，便给出这样的回应：“哦，那部电影啊，简直太无聊了，要我说，就是一部彻头彻尾的烂片。”

这样，对话到此差不多也就结束了。

一个人总是喜欢把自己的高见建立在否定别人的基础上，听久了，还有谁愿意和你沟通呢？而且对方的观点也未必就是错误的。“横看成岭侧成峰，远近高低各不同”，站的角度不同，对事物的见解自然也不尽相同。

否定一个人的观点是没有问题的，但是，在某些特定的环境下，也许你只是否定对方的观点，但是对听者而言，很可能会认为你否定的是他这个人，以致让沟通成了言语的形式、情绪的暗斗。

事实上，很多人都有过这种体验：尽管从表面上看，我们明明跟对方在聊一个话题，或是讨论一个问题，但是总感觉双方始终不在一个维度上，更甚者，干脆展开激辩，对方说了什么全然不重要，只想在气势上压倒对方，结果常常是两败俱伤。

人与人交流，语言只是为了传递信息，而我们与亲人、恋人、朋友、同

事、陌生人对话，必然是先建立连接，然后才能完成交流。可以说，真正的关系并不是不分是非，而是需要建立在感情的基础上。更进一步说，即使你不同意别人的观点，也不要急着表示反对，不妨耐心听下去，从对方的观点中先找出你认同的地方，并加以肯定，然后再婉转地提出你的看法。

对于上文提到的案例，完全可以这样回应：

“你知道吗？昨天晚上，我看了一部动作片，真的很精彩呢。”

“是啊，我也看了，我觉得画面实在是太棒了。”

有了这样的理解和倾听，接下来的话题还可以这样继续展开：

“我觉得那个主演的演技真的很赞。”

“大银幕就是不一样，画面给人带来的视觉冲击超强。”

与人沟通时，就算你有自己的想法，也不要张口就否定对方，就算你对话题不感兴趣甚至是厌倦，也要把肯定回应、表示同意作为前提。在彼此互相尊重的前提下，以稳妥的语言各抒己见，才称得上是和谐的说话模式，也才能达到交流的最高境界。

再看一个例子，假设你是某手机品牌的推销员，当客户跟你说“我要再考虑考虑”时，你会怎么回应？也许你会说：“这么好的产品还需要考虑吗？别犹豫了！”

这显然不是一个很好的回应，你只是在证明自己是对的，对方是错的。这样的措辞难免给人很生硬的感觉，还会让对方产生抵触心理，更糟的是，还破坏了良好的沟通氛围。

如果你能这样回答：“您说的没错，毕竟凡事要三思，那么，方便跟我讲一下您还需要考虑哪些问题吗？或许我可以帮到您。”这种说话方式本身就是在认同对方，无形之中也会增添一些闲聊话题，营造良好的人际关系。

要知道，有效的沟通往往是在彼此都感受到被对方尊重的前提下开始的。

如果一方没有感受到自己被对方尊重，那么不免会产生对抗情绪，沟通就会被打断或者被迫终止。因此，与人聊天时，当你发现彼此喜好不同、习惯不同时，不妨先把自己的喜恶放一边，试着用柔和的语言来待人，人际关系才会变得和谐。

说话之道 →

说话是门学问，不是看谁说得多溜，而是看谁懂得照顾别人的感受。因此，在与人交谈的过程中，千万不要打断对方的观点，更不能想着如何去反驳别人。

你是“能说话”还是“会说话”

有一种人与人交流时，总喜欢独占整场对话，他们从不会问别人问题，不管发生什么事，始终都是一个人讲个不停。说好听点，他们是口若悬河、滔滔不绝，然而，更多时候，“话多”往往意味着口才差、令人生厌。

很多人常犯的一个错误就是喋喋不休，说个没完。这就好比吃东西，由于你的肚量原本就那么大，可是，如果你不停地给自己的肚子塞各种各样的食物，又怎么会品到食物的美味呢？同样的道理，一个说话滔滔不绝的人，即使说出多好听的金玉良言，当他的话语把对方塞到撑时，谁又能听得进去呢？会讲话固然好，但是过头了反而会适得其反。

想象一下，当你喋喋不休地指责家人犯的错误时，你狂轰滥炸式的言语就会转移到他们的身上，使他们在毫无防备的情况下接受你的负面情绪，这不仅会让你的家人感到压力大，还会让他们的情绪因为你的歇斯底里而变得高度紧张。

很多妈妈都有过这种体会：你的叮咛常常被孩子嫌弃为“唠叨”“碎碎念”，无论你唠叨多少次，孩子依然当成耳边风。然而，很多时候，你的唠叨很可能会把孩子压得喘不过气来。有时候，话多真的会失效，你那无意的口头禅很可能会变成有意的伤心话，恰到好处的点拨往往更能看到成效。

假设你是那种唠叨起来就没完没了的主管，你的嘴巴实在忍不住要多说一些，就领导本身来说，不唠叨心里就不踏实，不唠叨就显不出自己的权力，但是，为了避免你的话像空气一般，任由下属左耳朵进、右耳朵出，最好能斟酌区分一下话语的轻重缓急，这样你的话才不会变得一文不值。

有时候，“喋喋不休”和“口才好”真的完全是两码事。说话喋喋不休的人，不妨试着留一点空当，让听的人一点点地消化。只要你的话值得一听，对方一样会见识到你的实力。没有留下空当的话，即使只是讲三分钟，听的一方也会难以忍受。

不过，很多时候，有些人并非故意要独占整场对话，他们只是不知道如何以简单明了的方式来叙述某件事情。这里有一些沟通技巧，可以让你的话变得更简单、明了，更合理。

（1）当你讲话时，用心留意是否总在说自己的事情，沉浸在自己的话题里。

（2）与身边的人沟通时，多用一些提问句，巧妙地把话题绕到他们身上。

（3）无论你是出于对别人的关心还是指责，一旦你发现自己的话语又开始重复了，就马上闭上嘴巴。

（4）与人交流时，我们没必要追求语言上的胜利，也没必要把别人的过错全都说出来。

（5）如果你的情绪逼迫你想要喋喋不休，不妨选择一些其他的发泄途径，比如运动、跳舞、K歌等。

说话之道 →

有些时候，话多其实是一种无效的沟通，解决它的好方法就是，改变你的说话技巧。如果别人对一个话题都失去兴趣了，你就不要再一个人说个没完。更何况几乎没有人会对持续讨论某个话题不感到厌烦，无论这个话题多么有趣。

聊八卦可以，但要有品位地聊

不知从何时起，八卦新闻已经登上各大门户网站的首页，而生活在当代，如果你不聊一点八卦，就显得跟不上潮流了。

不可否认，喜欢聊八卦是人的天性，也是生活的一部分。虽然很多人不喜欢承认自己爱聊八卦，但身处信息时代，每个人都会不由自主地去八卦别人，同时也会成为别人八卦故事中的主人公。

很多人之所以爱在办公室聊八卦，就是因为它可以帮助我们减压，同时让人产生一种幸福、快乐的感觉。当我们在办公室聊八卦时，无须掌握专业的知识，无须注重语言表达的逻辑，更无须争夺利益。可以说，八卦是职场生活的一味调味剂，效果堪比喝了一杯意式浓缩咖啡。聊八卦还是人际关系的黏合剂，我们可以从中获得集体的认同。

可是，为什么有些人聊的八卦总是很令人讨厌？问题就出在提问的方法不够恰当。比如，有些人一见面就会对你刨根问底，“每个月挣多少钱?”“有对象了吗?”“结婚了吗?”“什么时候要小孩啊?”……遇到这些“关心的拷问”，很多人常常一脸欲言又止的样子，心力极度交瘁。

八卦虽然是人生的一部分，但八卦纯属茶余饭后、街头巷尾的谈资。不带有任何恶意，不挑拨是非，不对他人的生活造成困扰，不因八卦影响工作，这才是有底线的八卦。

古语云“谣言止于智者”，一个修养好的人必然不会轻易言传八卦信息。可是，偏偏有些人爱打听，敢乱说，他们热衷于捕风捉影，四处散播信息。这个世上的某些事或是某些人，即便你亲身经历了、亲自接触了，都未必能看得一清二楚，更何况你是从别人嘴里听来的。人言可畏，若是八卦者把握不好信息的张弛程度，很可能会造成损人不利己的结果。

也许有些人会说，偶尔聊点儿别人的八卦，也是提升个人人缘的一个捷径。不可否认，人人都喜欢听有趣的故事，人人都有讲故事的欲望，然而，就在你酣畅淋漓时，你在别人眼中就成了那种不受人欢迎的传话者。

闲来无事聊点八卦，其实并不是坏事。比如，聊聊别人取得的成就，八卦一下别人获得如此成就背后的故事，都是很好的八卦。又如，像谁家添了宝宝，谁的身体状况有所改善，或是谁家刚买了一套新房子，这些谈资严格来说都是八卦，但是人们容易接受，并且不会因自己的隐私被人侵犯而面露不悦。

有时候，聊一些适宜的八卦还可以拉近彼此的距离，传递对对方的信任，有利于团体关系融洽，类似适宜的八卦听起来往往是这样的：

“你知道吗？韩总订婚了，据说男方条件相当厉害呢！”

“听说新上任的财务总监，有着相当丰富的项目分析经验，这下我们的挑战来了。”

“瞧，这就是王总的新家——名副其实的海边花园洋房啊。”

“听说他的儿子刚上四年级，就已经过钢琴八级了，真厉害噢！”

说话的分寸，就是一个人的尺度。聊八卦也需要注意把握分寸，切忌过火。聊八卦时，切忌在严肃的场合，而且不能影响到日常工作，若是所有人都在认真做事，你却聊八卦，反而会影响你在他人心中的形象。聊八卦时，尽量不要谈论过于严肃的话题，涉及政治立场或者宗教信仰等方面的话题都要敬而远之。闲来聊八卦，不要拿别人的伤心事作为茶余饭后的谈资，尤其不要聊别人感情生活的私事。对他人隐私的保护，是做人最起码的尺度。

下面这些八卦往往会让别人对讲八卦的人的印象大打折扣：

“你听说了吗，老总的事情真的被人告发了。”

“你知道吗？听说导师出事了。”

“她一周都没来上班，你知道为什么吗？”

“我们的会计到底发生了什么事，你听说了什么？”

说出去的话好比泼出去的水，所以，我们不可以张口就来，一定要小心地说好每一句话。

说话之道 →

恰当得体的八卦可以为你增添个人魅力，也会为生活增添更多的乐趣，让人际关系变得更加和谐，但是用力过猛的八卦未必是件好事。聊八卦不能带上负面情绪，不能由此对他人尤其是身边的熟人造成恶意中伤或人身攻击。

别让你的说话方式毁了你的亮点

如果问大家这样一个问题：你是希望自己被人恨，还是被人感激？答案肯定是后者。遗憾的是，很多人偏偏不自觉地做着招恨的事。比如那些得理不饶人的人。很多人总是仗着好口才不分场合地咄咄逼人，不考虑对方的感受，让别人处处难堪。如果一个人总是得理不饶人，处处表现得盛气凌人，不仅会暴露自己素质低下的事实，还会给自己的未来设置各种障碍。

阿建在某公司负责跑业务，凭着自己的伶牙俐齿，做得很不错。但是最近发生的一件事让他不得已选择辞职。

一次，阿建和另外一个同事一同负责某个业务，可是阿建的同事出了差错，惹恼了客户，对方一气之下终止了这个项目。

结果，阿建当着所有同事的面，埋怨起那位同事。那位同事经不住阿建的埋怨，就反驳了几句。

阿建一向伶牙俐齿，哪容忍得了同事的反驳，大声斥责对方："我说你又怎么样？我以前什么时候出过错，怎么到你这儿就这么多事？谁知道到底是我的问题还是你的问题……"

阿建的这些话不仅让那位同事气得说不出话来，还让公司的其他同事都尴尬不已。有几位同事在一旁劝说，阿建还是不依不饶。

这件事情过后，两个人形同陌路，阿建在公司的人缘也几乎毁掉，没有人愿意和他合作，最后阿建只好辞职走人。

确实，有时候是你有理，但凡事都要有个度，咄咄逼人的姿态，总是有些让人厌恶，有失风度。而且得理不饶人的态度无形中也拉低了自己的身价，甚至将自身的缺点毫无保留地暴露出来。

可惜，生活中这样的现象比比皆是：餐厅吃饭，对稍有疏忽的服务员大呼小叫；外卖小哥稍微送迟一会儿，就破口大骂，骂完还要投诉人家；出门坐车，总是把自己当上帝，完全容不下乘务人员的疏忽，稍有不满便恶语相向……

在这种人的世界里，得理就必须不依不饶，他们从来不会考虑别人的感受。如果一个人完全不顾旁人的看法，盛气凌人地处理自己遇到的一丁点不公平，那么就可以推断他的心理也是极其狭隘的，眼界也是极其狭小的。

我们说在原则性的问题上不让步是可以理解的，但很多人觉得自己得理，在并非原则性的问题上，也表现出一副趾高气扬的样子，揪住别人的小错穷追猛打不放，逼得人走投无路，这就不是讲道理，而是刻薄狭隘了。

其实，真正会说话的人，绝不会在某些无伤大雅的非原则问题上死死抓住人家的过失不放；真正会说话的人，绝不会总是以责备的语气咄咄逼人，将小问题演变成一场大闹剧。

比如，天气冷，你穿少了，妈妈对你大声嚷嚷："你想冻死啊？"是不是远不如她对你温柔地讲"今天天冷，多穿一点"？再比如，你在公共场合开窗户，有人对你喊："你不冷吗？你不冷，我们还冷呢。"是不是远不如他对你关心地说"别开窗户吧，当心着凉了"？

"多穿一点"和"别开窗户"都是简单而明确的句子，就效果而言，远比带责备口吻的问句好多了。其实，很多时候，如果我们说话时能改为问句，会显得更加婉转。譬如：

"对不起，我能不能坐在这里？"

"对不起，我是不是能打扰您一分钟？"

"很抱歉，您可以再说一遍吗？"

"能否麻烦您把调料递给我？"

你不妨自我体会一下，上面这些问句是不是比你直接讲"我要坐在这里""我要问一件事""你再说一遍""把调料递给我"感觉有礼貌得多？

交谈是彼此之间交换信息、想法与感觉的过程，并不是辩论赛，没有必要分出高低，而且也没有人喜欢总是被人驳倒。如果你只是为了逞一时口舌之快，非要让人难以下台，恐怕只会得不偿失。为了让沟通更加顺畅，既有效率地解决问题，又兼顾人际关系的和谐，我们需要平等待人，尊重他人的感受，而不是过分纠结于是非对错。

说话之道 →

咄咄逼人的人往往得罪了他人也不知道，所以在说话之前一定要考虑一下听者的感受，因为话一旦说出口就无法更改。

随心所欲地聊对方的死穴，就会坏了规矩

我们每天都要和很多人进行交流，有时是随意的，有时是正式的。有的人说起话来娓娓动听，让人听着很舒服；而有的人说起话来就像是一柄利刃，专捅别人的短处和痛处。

在日常交流时，聊对方的痛处，有时是有意的，有时是无意的。有意也好，无意也罢，若是不小心或是有意碰触了对方的痛处，让对方觉得尊严受到伤害，不仅沟通无法顺利进行下去，还会让我们成为令人厌烦的人。这样一来，轻则影响双方的感情，重则导致合作的破裂，产生负面影响。

世界上有多少人，就有多少秘密。每个人都有其心灵最柔软的地方、不愿意让人知道的秘密。揭人伤疤，只会伤及对方的人格、尊严，违背说话交流的初衷。沟通学大师克劳德曾说："随心所欲，信口开河，想什么就说什么，完全不顾及别人的脸色，这就叫不会说话。"

虽说好论人长短，几乎是人的天性，然而，很多事成也是嘴，败也是嘴。讲话时只顾一时痛快、信口开河，往往会给自己带来许多麻烦。古人言："骂人不揭短。"无论什么情况，做人都要管好自己的舌头。对于别人的缺点、缺陷，就算看不惯，也不要说出来。尤其是别人的隐私，更不要到处散播。俗话说"暖言胜金"，如果一个人总是以贬低别人为乐，并不能显示你的高尚，给予别人自尊和理解，反倒能带给我们终生的尊重和感激。

在沟通过程中，最讲究的一点就是，在不同的情况下，对不同的人、不同的事，懂得从不同的角度出发，说不同的话，这样才不会碰触对方的禁忌，才不会伤害对方的自尊。

比如，在社交场合，“见了男士不问钱，见了女士不问身”，就是说，与男士谈话时，不要询问对方薪水、家庭财产、服饰价格等私人生活方面的问题，与女士谈话不要评论身材、询问年龄，对方不愿回答的问题更不要追根究底。

若是不慎谈到对方反感的问题，或是说出别人的秘密，就要及时表示歉意，并立即转移话题，这是对他人最起码的礼貌与尊重。为此，你需要当面纠正自己的错误，否则对方日后很可能不会再相信你。

当然，最关键的，还是要懂得管住自己的嘴巴，不可图一时之快、泄一时之恨而致使祸从口出。心理学家更是多次提醒我们，说别人坏话如果损害到别人的人格，或者遇上心理素质差的人，都会造成严重的后果。所以，一定要管住自己的嘴巴。

就算在某些场合需要评说别人，也只需针对这个人做事的方式，而不能上升到人格攻击。也就是说，你可以评论对方做事的方式不对，或者力求让事实去讲话，但是不要介入自己的情感，有损人格的话切记不要讲。

也不要认为对方是自己的朋友或自己认识的人，就可以毫无禁忌。有时候，我们的一句话、一个小动作都会伤害到对方。另外，如果有人把一个众人皆知的笑话当成新鲜的笑料，作为听众，唯一能做的就是耐心倾听。但如果说话的人滔滔不绝，而你又毫无兴趣，就要不动声色地将话题引向对方在行并且自己也感兴趣的内容上。所以，与他人交流时，一定要避免碰触到别人的死穴，这才是我们走向成熟沟通的前提。

说话之道 →

人人都有不足，不可能完美无缺，如果只盯着他人的短处，又怎能看清他人的长处，彼此和谐地相处？学会尊重别人，不揭人之短，是对他人的尊重，同时也会让别人更加欣赏自己。

不要急于判断别人说的对与错

我们经常会觉得别人做事做得不好：老板鸡蛋里挑骨头，同事不负责任，孩子做事拖沓……这个时候，如果你好心地指出对方的错误，“哎，你刚才说的有这样一个错误……”结果却让你感到很意外，甚至觉得不可理喻，对方根本不承认自己犯了错误，更不用说感激你了。

换位思考一下，当别人指出你的错误，尤其是直截了当地指出的时候，你是不是也经常受不了呢？这种情况太常见了，要知道，每个人在自己相信的人或事被怀疑或否定之后，都会产生一种焦虑，觉得自己的自尊被伤害了，甚至连安全感都没有了保障。结果，我们会本能地拒绝承认自己的错误。

因此，当想要说服一个人，让他明白自己的错误的时候，你千万不要直接指出对方的错误。如果懂得先用赞美肯定对方，再指正对方的错误，不但容易拉近你和对方的距离，而且还能创造和谐、融洽的谈话氛围。虽然这种方法非常老套，但是十分管用。

某天，在白宫总统的私人办公室里，总统柯立芝对女秘书说：“你今天穿的这件衣裳很好看，你看起来十分吸引人。”

由于事出突然，总统的话又说得非比寻常，以至那位秘书不但显得有些羞涩，而且看起来还十分困惑。

随后，总统柯立芝又说：“好了，别愣在这里了。我这么说，是要你觉得高兴。从现在起，可否请你在使用标点符号的时候，多注意一下呢？”

也许很多人会说，这种赞美的动机太过明显了，但从心理学上来说，此法甚为高明。人们在听过赞美的言辞之后，往往比较容易接受一些逆耳的批评。假如总统当时用的是另外一种强硬的批评方式，你想还会有这种结局吗？绝对不会有！

真正会说话的人必然懂得凡事皆以真诚的赞赏与感谢为前提。先称赞别人，好比牙医在治疗之前先注射局部麻醉剂一样。虽然还要在牙齿上钻洞，但是麻醉剂已经使他不再感到疼痛了。比起硬生生地指正他人的错误，在反驳别人或者指正别人之前先肯定，不仅容易被对方接受，还能说得对方心服口服。在指出对方错误的同时，注意维护对方的自尊，就容易收到很好的效果。这是十分符合人的本性的。

当想要指正他人的错误，又不想让他对你产生抗拒时，你还可以先这样称赞对方几句：“你一直干得很出色，只是在这件事情上……”这样对方就会明白自己的错误是一时不慎造成的，并非一直以来都如此。而且这种表达方式也表明了你对这件事情的态度：并没有因为这件事而否定他。

有时候，在说话的过程中，若是懂得用一种轻描淡写的方式提醒对方犯的错误，也很容易给对方一个反思的空间。比如，下班后在电梯间，一位领导对他的下属说：“我听说你最近心情不是很好，因此工作上出了一些问题。”下属说：“是的，不过我不应该把我的情绪带到工作上来的。”指出对方的错误，最好的办法莫过于用平和的语气间接地指出来。相反，如果这位领导非常正式地把下属叫到办公室谈论这个话题，效果一定会大打折扣。

很多时候，当想要证明什么时，你大可不必大声声张。你只需要用一点策略，让对方意识到自己犯的错误，并且想方设法地进行改正。这时，正确的做法是，你不需要提到对方犯了什么错，只需直接告诉对方正确的做法，这样往往会收到神奇的效果。比如，“我十分欣赏A，他上班从不迟到，对工作也相当认真。”你在这么说的时候，对方肯定知道自己的某些方面没有A出色，并且知道接下来该怎么做。

说话之道 →

相互尊重，是人与人沟通的基础。如果你妄图通过批评对方来显示你的高明和优越，你是不会受到欢迎的。

赞美的话也要说得恰到好处

每个人都希望得到别人的尊重，也都希望得到别人的赞美，这是人的本性决定的。著名心理学家威廉·詹姆士就说过："人类本质里最殷切的需求就是渴望被人肯定。"因此，如果你的嘴巴"甜"一点，适当地给别人以赞美，一定会受欢迎。但是赞美必须恰到好处，天花乱坠的赞美，很可能让人觉得不舒服。

很多推销员对顾客总是礼遇有加，虽然说"礼多人不怪"，但是如果经常以近乎拍马屁的态度去奉承客户，将人与人之间的沟通建立在取悦逢迎拍马上面，无疑是一种过度包装。

身为推销员，当客户对你的夸夸其谈表现出反感时，你就应该以更实际的做法取得客户的认同，并且掌握最新的资料，调整新的推销策略，这样才能跟上时代。否则，即使推销员出于真诚，也会将好事变成坏事。

亲子育儿中，有这样一条教育原则——好孩子是夸出来的。虽然这是现在很流行的赏识教育，但是夸孩子，有时是一种鼓励，带给他自信，有时也是一种伤害，误导他傲慢自大。因此，夸孩子不能无原则地戴高帽子，而是一门深奥的学问，要讲方式和方法。

比如，很多家长总是一味地夸孩子："你真棒!""你真聪明!"……久而久之，反而不利于孩子的健康成长，听不进批评，受不了失败，承担不了责任。所以，大人夸孩子的时候，要掌握分寸。

吃饭时，孩子主动帮大人收拾餐桌，大人一定要告诉孩子他棒在哪里、好在什么地方，你不要只是说："你真勤快，是妈妈的好帮手。"还要告诉孩子：

“你帮妈妈摆了筷子、端了碗，做了自己力所能及的事情，妈妈真为你感到高兴。不过，在帮妈妈的时候，要注意别被菜烫到小手哟……”可以说，来自家长的夸奖与表扬是孩子成长中重要的推动力量，但是夸也需要动脑筋、讲智慧。

人人都喜欢正性刺激，而不喜欢负性刺激。尤其是在人际交往中，善于夸奖他人的长处，人际间的愉快度往往会大大增加。但是真诚的赞美也应该是恰到好处，这就好比一个气球吹得太小，难免不够好看，但是吹得太大，很可能又会吹破。可以说，赞美的尺度掌握得如何，往往直接影响着赞美的效果。那么，怎样赞美才是恰到好处呢？

◎ 情真意切，有理有据

虽然人人都喜欢听赞美的话，但并非任何赞美都能使对方高兴。只有那些发自内心、基于事实的赞美才能引起对方的好感。真诚的赞美不但会使被赞美者心理愉悦，还可以使你经常发现别人的优点，活出乐观、欣赏的人生。

比如，见到一位其貌不扬的女孩，你却偏要对她说：“你真是美极了。”对方不仅会感到莫名其妙，甚至会觉得你是一个油嘴滑舌、诡诈虚伪的人。但是如果你着眼于她的服饰、谈吐、举止，发现她与众不同的美，并给予真诚的赞美，她一定会对你刮目相看。

◎ 避开套词、俗语

很多缺乏社交经验的年轻人总是把久仰大名、如雷贯耳、百闻不如一见、生意兴隆等俗不可耐、味同嚼蜡的恭维词作为赞美之词来恭维他人。这种公式化的套词不免让人感觉缺乏诚意，给人留下不值得深交的印象。赞美就要给人一种美的享受，尽量做到新颖、不落俗套，避免陈词滥调。

◎ 赞美要因人制宜

有特点的赞美就要做到因人而异，突出个性，这样才能收到更好的效果。

赞美年轻人时，不妨语气稍微夸张一点，并举出几点实例证明他的确能够前程似锦；赞美经商的人，可以称赞他头脑灵活，生财有道；对于知识分子，可称赞他知识渊博、宁静淡泊；与老年人交谈时，可以多称赞对方引以为自豪的过去。当然，这一切一定要依据事实，切不可虚夸。

◎ 赞美用语要翔实具体

与人沟通时，你要善于发现对方哪怕是最微小的长处，并不失时机地予以赞美。这样对方才能感受到你的真挚、亲切和可信，彼此的距离才会越来越近。相反，如果你只是含糊其词地赞美对方，说一些“你工作得非常出色”之类的浮漂话语，只能引起对方的猜度，甚至产生不必要的误解。

◎ 投以赞许的目光

赞美并不是只能通过话语来表达，有时，投以赞许的目光，做一个夸奖的手势，送一个友好的微笑，也能收到意想不到的效果。

说话之道 →

如果我们只图从别人那里获得什么，那我们就无法给人一些真诚的赞美，也就无法真正地给别人带去快乐。

玩笑和灾难的距离，就在一线之间

玩笑话是一门尺度的艺术。你的玩笑，对谁说，怎么说，说多少，都很有讲究。在人际交往中，开个得体的玩笑，既松弛了神经，又活跃了气氛，大家感觉轻松自然了，你自然会因此受到人们的喜爱。

在第46届金马奖的盛典现场，黄渤和张家辉被邀请上台领影帝奖，黄渤一上台为了让现场气氛轻松下来，就自嘲道："记得刚考上北京电影学院的时候，有的同学就说，黄渤也考上电影学院了？现在的招生标准太松了吧！"

话音刚落，全场一阵哄笑。

在某届金曲奖的颁奖典礼上，小S作为颁奖嘉宾，喊台湾著名乐队苏打绿的主唱吴青峰为"峰姐"，吴青峰听了，当时就黑脸离席。在人多的场合，一切把话头对准他人的玩笑，都得慎之又慎。虽然大家都公认小S的情商很高，但她仍然也有考虑不周全的时候。在金曲奖这种圈内人集中的地方，如此玩笑，无异于打了别人的脸。

然而，玩笑开得不好，触及别人底线的时候，也是非常让人反感的。有时候，一句玩笑话，对于某些人来说，完全吃得消，还活跃了氛围。但是对于其他不同处境的人来说，极有可能伤和气、伤感情。如果被"开"的那个人闷闷不乐，这样的玩笑实质就是一种伤害。

更可悲的是，有些人的玩笑话根本不像是开玩笑，更像是在挖苦和嘲讽别人。你要知道，尖酸刻薄和幽默感完全是两回事。某公司的几位同事一起聚餐的时候，有一个女同事A总是拐弯抹角地对另一个女同事B评头论足，不是说她发型过时，就是说她不懂化妆，气得B差点在餐桌上发飙。事后，可能是其他同事劝了A几句，大家以为她会主动跟B说好话，没想到A竟然风轻云淡地说："哎呀，我不就是开玩笑嘛，这点玩笑都开不起。"

在生活中总是不乏这样的场景："哟，今天打扮得这么漂亮，是不是要去约会啊？哦？有新欢了吧?""亲爱的，你整容的效果真好，跟真的似的。"

或许你觉得是在开玩笑，但是对方并不买你的账，觉得你已经伤害或是侮辱到了他们。很多时候，大多数人是不会跟你斤斤计较那些无伤大雅的玩笑、无关痛处的弱点的，谁都乐意有个皆大欢喜的结果，可是如果你所谓的玩笑，戳中了别人不忍心触碰的软肋，却不是用一句"我不是有心的"就可以解决的。

换位思考一下，这个世界上真的没有人喜欢别人拿自己的短处和缺陷来开涮，想想自己曾经的"遭遇"，当我们被别人取笑时，是不是心里也会觉得很憋屈，一万个不高兴。如果你开的玩笑超出了适度的范围，就必须考虑是否伤害到了别人的感受，这一点非常重要。

很多时候，玩笑开得好，就是喜宴现场；玩笑开不好，很可能就是灾难现场。不要因为几句玩笑话，就闹得自己跟朋友都不开心，这么做是得不偿失的。当你开玩笑失了分寸时，就不再是你以为的有口无心，而是暴露了你个人的教养。

俗话说得好："凡事都要有个度"。说话也一样，以善意、友好的戏谑形式表现出来的玩笑，可以让大家开怀一笑，活跃气氛，拉近彼此之间的距离。但是如果玩笑越过了应掌握的尺度，失了分寸，往往就会弄巧成拙，影响双方的感情。

说话之道

在开玩笑时，必须要懂得适可而止，把握好分寸，做到得体含蓄，点到为止，这样才能收到轻松愉快的效果。如果玩笑带有嘲讽之意，就会变了性质。

第三部分

说话进阶技巧

俗话说得好，“长着一张好看的脸未必比得上一张会说话的嘴”。从日常不同场景中的有效沟通，到演讲、当众说话的独门秘诀，会说话真的很重要。

第八章
职场沟通：做一个有声音的职场人

在工作中，无论是口头讲述还是书面表达，都应该牢记这几个原则：清晰、简洁、准确、连贯、完整、专业。没人愿意接受啰啰唆唆说一大堆还进入不了主题的人。

和面试官谈钱不伤感情，就这么简单

在生活中，除了普通的闲聊、日常的职场来往之外，还会时不时地遇到高难度的谈话：如何和雇主谈薪水就是其中之一。有些人在应聘一家新公司的时候，总是羞于谈薪酬待遇。然而，如果这个坎儿你迈不过去，以后多的是坎儿等着你。因为每个人在入职的时候谈定的基础工资，将在很大程度上决定以后你在这家公司的岗位级别和晋升程度，也就是说，你的基础工资越低，那么以后晋升的速度就会越慢。所以，你需要在谈判中学会如何向雇用方抬高你的基础薪资。

这里我们分享几种常见的薪资谈判场景，以及相应的应对策略，希望对大家会有所帮助。

◎ “你能接受的最低薪水是多少？”

很多人在面试时，无一例外会遇到一个敏感问题——要不要说出具体的薪资要求。其实，你说了什么并不重要，重要的是你说的方式。比如，无论你给出的具体数字是多少，都要强调自己对这家公司以及所应聘的职位充满兴趣。这样一来，你就给雇主提供了机会，让他们设法满足你的期望薪酬。事实上，如果雇主真的想要聘用一位面试者，往往不是因为你提的薪酬合理，而是因为他们认为你适合这个职位，并且相信你能为公司带来业绩。

因此，在面试环节，一旦涉及沟通薪水的话题，你最好客观地评价一下自己的价值，再说出一个合理的薪水范围，这样就给双方的沟通留下了弹性空间。雇主也会根据你的能力，在条件可能的情况下，给你一个综合价值评估，双方才有协调、回旋的余地。

◎ “如果我接受了一份不太满意的工作，入职后还能够协商薪资吗？”

在你加入某个公司之前，雇主确定薪酬的标准是员工的个人价值。不过，当你入职之后，如果工作表现非常优异并且业绩突出，那么雇主也会给你期望的薪酬。如果你表现平平，雇主恐怕就不愿意这样做了。

如果你属于那种表现出色的员工，可以选择一个非正式的公开场合和老板谈论一下薪水的问题。当然，不要一开口就要求涨工资，而是要首先表明你对公司和老板的忠心。

例如，“我非常荣幸能加入咱们的公司”“我相信您能看出我在全身心地为团队做贡献”。比起那些只顾把自己分内事情做好的普通员工，雇主更看重全心全意对待公司和工作的员工。当然，雇主也愿意为这些人提供更高的薪水。

◎ “公司有自己的薪资结构，我们不能因为某个人而破例。”

这句话是很多人在面试时经常从HR那里听到的。对于较为规范的公司，都建有一套适合自身的薪资结构、职位列表。与此同时，这些公司也掌握了大量同行业的薪资对比表以及人才市场信息。

要知道，即使是那些知名度很高、有着严格薪资规定的公司，在面试官介绍完薪资待遇后，同样也有商榷的余地。所以，谈钱并不是一件羞于开口的事情。

那么，如果你对薪资数额不满，又该如何开口呢？例如：“据我了解，目前这一行业的薪酬大多在××~××这个范围。结合我的自身情况，我认为我的理想薪酬是××××元。贵公司给出的待遇，我觉得还是稍微低了一些……”

事实上，随着雇主对应聘者的兴趣不断提高，他们都会想办法把这个人纳入麾下，而且在薪资问题上有所表现并充满诚意。例如，在某些情况下，雇主会扩大应聘者的职责范围或是考虑让应聘者担任更加重要的职务，这样他们就能够提供更高的薪水，同时也保证薪资水平符合公司的薪资结构。

◎ “我在原行业干了一年，现在跳到新行业，怎样才能保证我的薪资是上升的，不被压价？”

通常情况下，当你想要进入一个连自己都不甚了解的领域时，雇主是不会付给你太高的薪水的。尽管他们认可你的潜力，但是在一切尚不确定的时候

（比如，你能否在这个全新的岗位表现出色，或是你能否处理好将要面对的现实情况与挑战），他们不会付给你和之前的公司同等水平的工资。

因此，为了提高你的薪酬，你首先要证明自己的能力。你可以在面试阶段向雇主强调你的能力十分符合公司的情况，并且试着让雇主相信你虽然来自一个不同的行业，但是这一差异点可以给公司带来独特的价值，或是让公司知道你能提供哪些有用的新资源或人际关系。

实际上，在协商薪水的时候，一定要记住你的首要任务和目标是获得新的工作机会。既然你要加入的是一个新行业，薪水差距也是难免的，但是不要忽略了大局。在你的业绩上升的那一天，你的价值自然会被HR看到，这时，你再谈薪水，自然就更有说服力了。

说话之道 →

在和面试官交流的时候，眼睛最好始终看着对方，并保持微笑。如果你的眼神总是飘忽不定，面试官就会觉得你不够自信，甚至还会觉得你是在撒谎。而微笑可以让面试官感觉到你的乐观与自信。

拒绝可以，但要懂得包装

在职场中，很多人不懂得拒绝，不善于说“不”，所以有时候只能打肿脸充胖子。

星期天，你正享受着难得的清闲，打算听听音乐，看看书。

可是，就在你刚要播放音乐时，手机铃声响了，你看着屏幕上跳跃的名字，一点儿也不想接，可是铃声不依不饶，你叹了一口气，无奈地接了。

电话是部门主管打来的，他给你布置了一个任务，但是完全与工作无关：“麻烦你个事儿，我晚上要出席一个婚礼，帮我起草一份证婚人致辞。”

你完全可以说“不好意思，主管，我现在不在家，没法儿帮你这个忙”，但是想了想，你还是觉得不好意思，于是，爽快地回应道“没问题”，转身就打开了电脑。

等你终于拼凑完致辞，一个多小时已经过去了。

为什么你最好的时间总是被突然出现的人或事占据？为什么你最想做的事最后往往变成一种奢求？也许今天你让出的只是一点儿空闲时间，但是谁知道明天又会是什么呢？

其实，很多职场新人都曾对这样或那样的要求觉得很烦、很反感，代打卡、代加班、代签到、代买东西、代取快递、帮写报告、帮忙修电脑、派去参加一些无聊的会议……然而，面对领导布置的任务，即使时间紧凑，面临超额加班，也不敢说一个“不”字，生怕一旦说出口，影响到自己的工作前程。

尽管我们无法控制接下来会发生什么，但可以控制的是面对事情时我们的态度。在当今的职场中，如果你不懂得拒绝，不懂得说“不”，你就永远有忙不完的事，并且还有可能造成更多的问题。这样一来，便会陷入恶性循环，领导会对你的能力产生怀疑，而你自身也因多种因素，更加不能正确地对待工作。

古人说："有所为，有所不为。"人在职场，如果你想高效地工作，就必须明确哪些工作应该第一时间就着手完成。

如果你的办公桌总是呈现这样的状态——写满烦琐待办事项的纸，堆放乱七八糟的文件，你就需要马上对那些不太重要甚至无关紧要的事情说"不"，这样你才能把有限的时间用在最需要完成的工作上。高效工作者做事必是先做首要的事情，而且要专一不二。

那么，怎么委婉地拒绝自己不想或是无法做到的事情，还不得罪他人呢？这里与大家分享几种沟通技巧。

◎ 说话态度要和蔼

如果婉拒的是无关紧要的邀约，比如饭局，可以说时间不方便；但如果是要拒绝额外的工作，就必须说出无法加班的具体理由。最后，真诚地表示你的歉意，以及希望保持关系的结尾："真的很抱歉，如果下次还有机会，我会很乐于参加。"

注意，不要对他人的请求流露出不快的神色，更不要以高高在上的态度拒绝对方的要求，而应始终保持一种和蔼的态度，表示出对对方的好感和真诚。

◎ 明确告知

很多时候，我们习惯以"我需要考虑一下"为托词拒绝对方的请求，而内心则是希望通过拖延时间让对方放弃原有的想法。其实，如果不愿意当面拒绝对方的请求，就应该明确告知你的真实想法。切记不要拖延太久，让对方痴痴等待结果却落空，只会让人更加不愉快。

◎ 量力而行

当遇上别人有求于你，你觉得自己只能接受，没有回转余地时，只要把拒绝别人的请托当作是在跟对方交涉，就能够打破心理障碍，没有那么难开口了。

如果完全接受对方的请求算是100%，那么不妨试着向对方提出90%、70%

或50%的解决方案。比如，对方拜托你一件事情，而你出于特殊情况不能当即完成，这时就要明确地询问对方，是否可以将办事期限延长几天。很多时候，我们不令别人难堪，也是在让自己好过。

说话之道 →

与人沟通时，如果你掌握了拒绝的艺术，不论对方是拒绝还是同意，都不会再强人所难。当然，你在表示拒绝时，一定要报以歉意的微笑。

聪明地表达自己的想法

在工作中，许多人有这样一个疑问：为什么感觉自己在职场摸爬滚打很多年并不顺利，虽然工作很努力，但就是得不到领导的赏识，每次升职加薪都没有自己的份儿？其实，这个原因就在于你不知如何利用和领导在一起的时机，聪明地表达自己。

有一个女孩，性格温和、踏实勤奋，平时给人安安静静的印象。最近，她却遇上了一件烦心事：觉得自己不被上司看重，明明和同事一样努力，却得不到认可。一向温柔的她，情绪变得十分愤慨。

原来，事情的原委是这样的：女孩所说的同事是一位踏实且能言善道的人，总是积极地汇报自己的工作进展，遇到不懂的地方就主动向同事、领导请教，而女孩总是默默地做着自己的本职工作，不善与人交流，也从不表现什么。

看来，正是因为女孩不善于表现自己，所以才不被上司关注。

很多人觉得在职场肯努力、肯打拼就一定能有好成绩，其实不然。努力不等于业绩，低效的努力永远抵不过看得到的业绩。不善表达的人，久而久之，很可能会被公司高层刻下“头脑简单，缺乏想法”的印象，那时情况就更麻烦了。

现代社会，我们需要适时地主动展示自己的能力，让别人知道我们的存在，这样才能加深别人对我们的印象。就算是再好的“金子”也经不起长时间的掩埋，况且现在也不缺会发光的“金子”。正因如此，很多职场人为了避免不被重视，恨不得抓住每一个时机搏出位。这种行为本身没有对错，而且员工得到老板的关注和满意，才能谈及长远的发展。

那么，怎么做到这一点呢？在人际沟通方面，要努力争取让你所说的话超越老板原来的期望值，靠口才和老板近距离接触，靠口才瞬间hold住老板的心。

赵总是某公司的一位老领导，在年轻人面前从不摆架子。

有一次，几个年轻人陪他一起出差。闲聊的时候，赵总主动提起了这段日子的一件烦心事。原来，赵总有个儿子，论年龄也该谈婚论嫁了，几周前，儿子突然跟家人说，他交了一个女朋友，想跟她结婚。

年轻人自由恋爱，这本来不是什么问题，然而，令老领导不满意的是，女方的家庭条件不好。于是，赵总就问下属：“现在的年轻人都想找什么样的作为伴侣？”

领导话音刚落，小林就毫不犹豫地说：“找另一半，当然要听父母的意见了，哪能自己擅做主张，想怎么样就怎么样？”老领导听了，笑而不语。

然后，小彬也表达了自己的看法，他说：“我觉得结婚毕竟不是件小事，关系到自己一生的幸福，每个人都要为自己的选择负责。我们这代人都很叛逆，您只要多跟孩子沟通，一定能达成共识的。”老领导笑了一下，没有说话。

大志却说：“我认为现在的年轻人找女朋友比较看重双方的价值观是否相同，如果两个人在某件事情上的看法上比较一致，将来一起生活也不会出现很大的摩擦。另外，还有一点很重要，就是看对方是否有打拼的能力。大部分人不在乎对方家里有多少积蓄，而更在乎是否有经济头脑，这对两个人未来的打拼与幸福是十分必要的。”

听完大志说的话，老领导没说话，显然，他已经进入了思考阶段。回公司后，大志慢慢感到老领导对他的关注多了，问他想法和征求意见的次数也多了。

身为领导，经历了风风雨雨，自然听多了恭维话，小林的迎合显然缺少价值。而小彬讲的“大道理”对于老领导而言只是小儿科。道理上的说辞，是领导早已不屑一顾的伎俩。其实，领导就想知道年轻人在想什么。大志的回答恰好让他知道了部分年轻人在择偶方面的一些理由，也让他觉得看似不靠谱的年轻人，其实也有自己的判断。当然，最有利于大志的是给领导留下了一个良好的印象，看问题的角度很全面，分析也很独到。

在职场中，如何和领导积极有效地交流，会直接影响到领导对你的看法。为此，我们要善于表现自己，把自己最好的一面呈现出来，这样才能给人留下好的印象。

说话之道 →

表达自己、展现自己是展现自身价值的一种方式，同时也是自信的一种表现。说话有条有理，才会有说服力，更能打动对方，达到你所要表达的目的。

身处职场，切不可口无遮拦

在职场生活中，我们之所以经常遇到许多不愉快的事情，是因为自己口无遮拦。例如，“你怎么这么不开窍，要是我早就溜走了”“你这个人简直就是缺心眼儿”“我永远不会办你搞砸的那些蠢事”等等。这样无礼的话谁听了都会不痛快，即使对方不会立即向你发火，也会对你怀恨在心。日后有什么活动就会把你排除在集体之外，不愿意邀请你参加。久而久之，你便成了这个办公室的“外人”。

我们常说，要想在公司里得到发展，在社会生活上被人们认可，就不要口无遮拦地说得罪人的话，这也是很多老于世故的人从不轻易在公开场合说一句批评别人的话的原因所在。所谓“骂人不揭短”，就是不揭人隐私，不触犯他人的敏感区域，即使是开个小小的玩笑也要避免出现尴尬的局面。可以说，在职场中，聪明的人从不会把话说死、说绝、说得自己毫无退路可走。

不过，人在职场，若是不能做到向身边的同事敞开心扉，就无法建立一个强大的职业网络。而这其中的分寸如何拿捏则至关重要，因为一旦表露不当，很可能会对你的职业生涯造成毁灭性的影响。

这里总结了几件会断送你的职业前程的事情，也许你在说出口的瞬间觉得有助于增进关系，可是事实证明是显而易见的禁忌。

◎ 抱怨讨厌现在的工作

在工作中，任何老板都不想听到员工抱怨他们是多么讨厌现在的工作。如果你仍然一意孤行，那只会给自己贴上消极、不负责任的标签。

◎ 宣扬公司里某个人不称职

对于那些不称职的员工，想必大家都心知肚明，但是如果你喜欢到处散播他们有多不称职，你也不会得到任何好处。除非你手里握有解雇这类员工的权力，否则，如此大肆宣扬，就等于是在用一种不恰当的方式美化你自己的形象。这样反而会徒增他人对你的负面评价，结果惹祸上身。

◎ 自己的薪资是多少

在职场中，完全公平地分配工资是不可能的，所以，不要受好奇心的驱使，情不自禁地和关系好的同事交流各自的薪水有多少。如果你这么做了，那么你在工作中所做的一切成绩都会被认为与你的收入不对称，结果只会带来不悦，而你与同事的关系也不可能再像之前那样了。

◎ 你想得到别人的工作

在工作中，不管你的实际动机是什么（或许你只是为了钱），表明自己的野心，对你的同事和整个公司表现得漠不关心，只会让你看上去更自私，更难融入团队，也无助于实现你那自私的目标。

◎ 你在卧室里的所作所为

任何有关两性生活的床笫话题，都不应该拿到工作场所宣扬。固然有些人喜欢听这类话题，但是大部分人仍然会因此感到尴尬，甚至是反感。这样做只会让你的名声变臭。

◎ 你喝醉酒的样子

或许很多人认为，跟同事聊聊自己周末醉酒的样子是一件很有趣的事情，果真如此吗？相反，这么做并不会给你带来积极的评价，人们反倒会认为你难以捉摸、不成熟，甚至缺乏良好的判断力。

◎ 无礼的笑话

无论什么情况下，任何无礼的笑话都会让他人感到尴尬，因为你不清楚别人曾有哪些经历，所以你的笑话很可能会践踏他们极为重视的人或事。为此，时刻留神自己脱口而出的内容，你的幽默才是有分寸的。

◎ 你在找工作

记住，在任何事情还没有确定之前，千万不要把自己的决定告诉他人。

若是你跟同事表明了自己正在计划离职的想法，很可能会变成在浪费大家的时间。另外，在求职时你也有可能会遭遇失败，所以最好是在你已经拿到工作邀请函之后再去告诉别人。否则，你就得坐冷板凳了。

◎ 你的政治和宗教信仰

每个人对待政治和宗教的态度各不相同，但是在工作场所声张自己的价值观只会让一些人远离你。如果你表达了与他人相左的看法，甚至立刻强烈地改变对方对你的看法，就会激起矛盾。

你要知道，冒犯他人的价值观可以说是最不礼貌的事情之一。哪怕不是公开张扬对某个观点强烈的看法，也可能会导致矛盾。为此，你要懂得积极倾听他人的想法，而不是一味地灌输你自己的意见。否则，十之八九会让你招致负面的评价。

说话之道 →

有些话一旦说出口，就再也没有退路了。所以，学会委婉地表达自己的意思，就显得尤为重要。其技巧便是学会控制住自己，这堪称一门艺术。

开会发言的原则——简洁明确

很多职场朋友都熟悉这样一幅情景：无论晨会、部门沟通会议，还是商务合作会议、年终总结会，老板在台上激情四射、慷慨陈词，员工在下面目光呆滞、眼中无物。轮到自己发言时，要么顾左右而言他，要么说老板的指示非常英明、自己深受鼓舞，有时甚至懒得溜须拍马，说自己的想法已经被其他同事说过，表示同意以上意见。

开会，是每位职场人的一门必修课。在众目睽睽之下，每位参与者都能在同一起跑线上得到展示自己的公平机会。尽管在很多人的印象中，跟叽叽喳喳的同事比起来，沉默无言的同事更容易给人留下忠诚、可靠的印象，但是会议桌上的缄口不言说不准什么时候就会给你带来想不到的麻烦，反倒是那些善于发言的同事，在工作上更游刃有余一些。

所以，我们需要好好管理一下自己的发言水平，力求在最短的时间内用最精准的话语达到最好的沟通效果。

◎ 当你有一个想法时

记住，成功的关键就是用正确的方法做了正确的事情。依照这个逻辑，在会议桌上，当你有一个想法时，恰当地把握说话技巧才是在会议上发言的关键要素。

例如，如果你觉得自己在某些问题上有一个很好的建议，但是你对此还不是很自信，你可以这样说：

“我们是否考虑过，要让A直接加入到这次的公关活动中来？”

“我们也许需要考虑另一个选择——将截止日期推到十月初。”

“是否有人提到过X的报告？我似乎记得Y所提出的一些主题在X的报告里也提到了。”

在这些表达方式中，透露出这样一个潜在信息：你正在为团队做贡献，为团队提供价值，而不是你一个人全权负责某个议题或是控制整个谈话。通过阐明性的陈述，你能够很好地提出自己的想法，同时又不用为这个提议承担过多的责任。

◎ 当你要表示异议时

有时候，如果会议桌上讨论的是我们不赞同的观点或想法，想要保持缄默似乎很难做到。虽然你有权利（甚至是责任）提出你的真实想法，但是掌握发表自己看法的技巧仍然尤为关键。

既然是提出质疑，就要找到对方提议中的不足之处。为此，你可以灵活运用以下这些技巧：

“对不起，×××，我很尊敬你，但不太赞同你刚才的评估。”

“根据我的经历，我觉得或许不是这样的……”

“让我们来试想一下，如果我们采用截然相反的途径，那结果会怎样呢？”

“在这里，我想跟大家澄清一下……对不得不接受这次合作的前提条件提出质疑。”

◎ 当你感到困惑时

有时候，随着会议的持续进行，我们难免会觉得自己跟不上对话的节奏，或者根本不清楚正在进行的议题是什么。无论是哪种情况，当发现自己跟不上会议进展时，你可以试着使用以下这些短语来摆脱困惑：

“请原谅，我有点跟不上对话了，我觉得有些困惑……请问，你建议我们讨论哪个营销方案呢？”

“我觉得有点跟不上你的思路，你刚才说要考虑什么……是8月份提交的报告吗？”

“很抱歉，或许在座的各位都已经很清楚了，不过能否重复一下，刚才提到的集合地点在哪里？”

在会议的进程中，无论是说出自己的想法，还是想搞清楚会议的进程，只要你能真诚地表达自己，最终你会发现自己在会议中能表现得更好。而且，你还会惊喜地发现那些令人感到困惑的问题并不像你所想象的那么糟糕。

◎ 给自己的发言来个精彩的开头和结尾

很多人在开会时好不容易讲了一大堆，可是最后大家完全没懂他在说什么。对此，你需要在开头时就用精练的语言介绍自己发言的主旨，让与会者知道你要告诉大家的信息。在发言快要结尾时，也要再次告诉大家你讲了些什么，以免发言跑偏。掌握了这个发言技巧，就算天生不善言辞的你，也能沉着应对。

另外，你在说话时，最好能够慢慢地把目光投向观众，并在每个人脸上稍作停留，尤其不要忽视那些紧挨着你坐的人。即使你只说一两分钟，也可以给他人留下持久、深刻的印象。

说话之道 →

在职场上，由于每个人对同一件事有着不同的解读，以及人们处理事情的方法各不相同，所以，当面对层出不穷的状况时，如何随机应变、从容应对，是对情商的重大考验。尤其是在意见相左时，学会用恰当的方式表达更为重要。

好好说话，汇报工作一分钟足矣

在日常沟通中，我们经常会这样表述——先说原因，再说结论。结果，我们总是抱怨不断："我都说得这么清楚了，为什么对方还是不明白？"

你要知道，用这种平铺直叙的方式讲话，传递的信息会非常多，对方听完后，很可能完全不知道你想要表达什么。因此，为了让听者在短时间内听清楚你想传递的信息，必须改变一下自己表达的逻辑，做到结论先行。

比如，你跟别人聊起自己的一件琐事时，说："今天早上，我去菜市场买菜，为了能买到新鲜的豆腐，我6点就起床了，然后坐公交车到地铁站，麻烦的是地铁出了故障，等了将近30分钟才恢复运行。当我步行10分钟到菜市场后，豆腐竟然卖完了，真的是太不走运了。"

听完你的表述，相信对方肯定会一脸茫然不知你到底要表达什么。这也就意味着，你那么长、那么详细的表述，其实都是无效的！

那么，怎样把买豆腐的故事变成结论先行呢？你可以这样说："今天，我很不走运，没有买到豆腐。"内容完全没有改变，只是讲话的顺序变了，听者自然非常清楚你想要表达的意思是什么。

在职场沟通中，无论是商业沟通，还是会议演讲，我们经常会遇到说话滔滔不绝的人，虽然他们的信息量丰富，但是常常让听者不知所云。

比如，一位销售顾问拜访完客户后，当老板问他具体情况时，他这样说："今天，堵车太严重了，折腾了一个多小时才到客户那儿，可是，又不知道什么原因，客户今天的态度特别差……"在这段表述中，员工先将所有的细节及逻辑叙述完毕，最后总结出中心思想（或许可以说根本就没有中心思想）。

另一种情况也是我们经常见到的，某位员工辛辛苦苦写了洋洋洒洒几十页的年终总结，但是由于缺乏“结论先行”的逻辑结构，以致在会议桌上几乎没有人能耐心地读完。

因此，当向老板汇报工作时，不管你是当面口头汇报，还是采取书面的形式，为了更加清晰地表达你的意思，都要特别注意结论先行。通过这样的方式，我们在表述问题的时候，就可以让听众迅速抓住我们想要表达的主旨，沿着我们的思路去理解内容，从而提高表达的效率和效果。

再者，未经组织的语言和经过组织的语言，在表达效果上也会产生很大的差异。

未经组织的语言：“科林说，他不能参加下午3点的会议。约翰说，他不介意下午开会，明天开也可以，但是明天上午10：30以前他没有时间。杰克的秘书说，杰克晚些时候才能从机场赶回来。另外，会议室明天已经有人预订了，但这周五还没有人预订。您认为我们的会议定在这周五上午11点是否合适？”

经过组织的语言：“我们的会议可以定在这周五上午11点开吗？因为这样对科林和约翰都更方便，杰克也能参加，并且本周只有这一天会议室还没有被预订。”

相比之下，后者是不是更加清晰地表达了说话者的想法？这就是结论先行的威力，先将要表达的观点抛出来，然后再说明具体细节，事实上，这种高效的表达不仅有力地说服了对方，还为对方节约了大量的时间。

说话之道 →

汇报工作时，思路理清了，领导在你所说的众多信息中才能听懂你想表达的意思。

饭局上，找到让对方感到舒服的谈话方式

在职场生活中，结交朋友、结识客户大多会选择吃饭宴请的方式，而带有目的、利益以及各种社会元素的饭，常被称为“饭局”。在饭局里，往往以吃为辅，以说为主。

在职场饭局中，在不同场合会见不同的人，该说什么话，该怎样说话，才能达到最佳效果，都是有门道的。比如，跟领导一起吃午餐，是轻松话家常，还是谨小慎微？遇到和冤家对头对桌而食，是话题不断，还是相对无言？大家齐聚一桌，你却偏偏只与旁边的一个人低语附耳，难免给他人留下“就你们俩好”的心理印象。商务聚餐时，你独自一个人埋头吃菜，沉默不语，多多少少有些尴尬，说不准别人还会认为你不喜欢和他们一起进餐。还有的人喜欢高谈阔论，成了当之无愧的“话霸”。这样的情况多了以后，难免会让你成为饭局的终结者。

职场饭局，可以说是一种极为重要的社交活动，而饭局上说话更是显得尤为重要。毫不夸张地说，小小的筷子就是打开职场沟通大门的一把钥匙。那么，怎样才能在职场饭桌上说好场面话呢？

◎ 到什么山头唱什么歌

俗话说“民以食为天”，吃饭对人们而言有着相当重要的地位，很多交流感情的事情都是在饭桌上进行的。在职场饭局上，未必个个都是你的熟人，也许是同公司不同部门的同事，也许是了解不够多的客户，在这样的情况下，我们首先要知道吃饭的都是什么人，从事什么样的职业，有什么样的喜好，这样我们所说的场面话才能引起对方的兴趣，不会招致对方的反感。

◎ 共同话题最能缩短交际距离

共同话题是人与人交往的基础，对于在饭局中初次见面的客户或彼此不太熟悉的同事，更要找到双方在兴趣、生活环境、工作任务以及人生阅历等方面的共同之处，从而迅速缩短彼此之间的距离，以免出现冷场的尴尬。

如果饭局上的人比较多，那么应该尽量谈论一些大部分人都能参与的话题，让所有人都有说话的机会。不过，由于每个人的立场和看法各不相同，所以尽量不要挑选那些很可能会引起矛盾的话题。另外，切记不要在酒桌上和别人窃窃私语，这样难免会让领导觉得自己不被尊重。

◎ 考虑参与者的积极性

为了充分调动他人的积极性，活跃现场气氛，可以选取参与者都熟知的谈资，或是从当前的热点话题入手。这些话题可以是天气情况、新闻动态、体育赛事、股票基金、流行时尚等等，比如，你可以这样说："今天的天气可真是糟糕!""你听说最新上演的话剧了吗，演员演得实在是太厉害了！"这些话题不仅可以很好地避免冷场，还可以通过对方的回答来判断对方是否有进一步交谈的意向。

◎ 不要乱插嘴

跟领导吃饭时，对于领导提出的问题，一定要小心斟酌应答，不要随便高谈阔论。贸然打断别人的话或者抢别人的话头说话，是一种非常无礼的行为，不仅会扰乱别人的思路，引起对方的不快，还会抢了对方的风头。因此，千万不要在饭桌上随便打断领导的话，除了产生误会之外，不会有任何好效果。

说话之道 →

> 职场饭局的应酬能力，并非完全来自天赋与性格。而那些饭局红人，或许只是比你多了一些历练。事实上，只要你了解其中的门道，做好充足的准备，就可以成功应酬好一顿职场饭局。

第九章
当众讲话：会演讲的人成功的机会比别人多两倍

演讲是形式最为简单，也最能明显体现一个人是否会说话的一项技能。会演讲的人成功的机会比别人多两倍。

精彩的演讲始于一个好的开场白

很多人都有过这样的体验：看电视、读小说，如果开场或开篇不够吸引人，就会立刻换个频道或舍弃那本书，演讲也一样。如果演讲最初的几句话没能牢牢抓住听众的注意力，就很难让听众有兴趣听下去。

因此，做好开场白是很重要的。以下是一些常见的经典开场白。

◎ **提问题的开场白**

开场就提出一个或几个问题，可以立即引起听众的注意力，而且当听众带着问题听讲时，也会大大增加他对演讲内容认识的深度和广度。提出的问题可以由听众回答，也可以自问自答，还可以只问不答，作为一个悬念留到演讲结束。

不过，演讲者所提的问题不能太滥，不能平平淡淡、不痛不痒，这样反而会弄巧成拙，失去开场白的优势。所提的问题要符合实际，符合客观规律，还要与听众相关，能达到切入主题的效果。

下文是李敖在北大的一次演讲节选：

……来演讲紧张不紧张？紧张！站在大庭广众面前，很多人可以指挥千军万马的军队，可是你让他讲几句话，他就尿了，不敢讲话，什么原因？胆小！

美国人打赢南北战争的将军格兰特，指挥千军万马打赢仗，林肯总统请他上台给他勋章，让他讲几句话时，他却讲不出口，为什么？怕这玩意，一演讲就紧张。

◎ 以故事作为开场白

在演讲的开场白阶段，讲一个与你所讲内容有密切联系的故事，不仅可以帮你引出演讲的主题，还能令人回味无穷。当然，前提是这个故事（或事件）一定要有主要人物和细节，摒弃复杂的情节和冗长的语言。

作家周光宁《救救孩子》的演讲是这样开场的：

去年5月24日的《新民晚报》披露了这样一个事实：一个四年级的小学生，每天要带家人亲手剥光了蛋壳的鸡蛋到学校吃。有一次，父母忘了剥鸡蛋壳，孩子对着鸡蛋看了又看，不知如何下口。结果只好把鸡蛋带回家。家人问他怎么不吃，回答很简单："没有缝，我怎么吃！"

这位演讲者通过一则新闻报道，把听众引入演讲主题：全社会都要重视培养孩子独立生活的能力和战胜困难的勇气，这样便调动了听众的注意力，增强了演讲的效果。

◎ 用听众意想不到的见解引出话题

由于听众对平庸的论调往往不屑一顾，因此，为了达到吸引听众的目的，不妨用听众意想不到的见解引出话题。

某广播公司在宣传无线电作用的科普演讲中是这样开头的：

各位可知道，一只苍蝇在纽约的一扇玻璃窗上行走的细微的声音，可以用无线电传播到中非洲，而且还能使它扩大成像尼加拉大瀑布般惊人的巨响。

这个开场白真可谓独辟蹊径，普通人简直难以想象，然而，却从另外一个角度宣传了无线电的特殊效能。运用这种方式时，应结合听众的心理、理解层次，围绕演讲主旨进行。不能为了追求出奇制胜的效果，而故作惊人之语，否则，极易引起听众的反感和厌倦。

◎ 自嘲幽默式的开场白

在演讲的开场白里，为了快速与听众的心理沟通，可以用几句幽默诙谐、自我解嘲的评价作为开场，这能使听众在轻松愉快中很快进入演讲接受者的角色。

胡适在一次演讲时是这样开头的：

“我今天不是来向诸君做报告的，我是来‘胡说’的，因为我姓胡。”

话音刚落，听众大笑。

这个开场白既巧妙地介绍了演讲者自己，又体现了演讲者谦逊的修养，而且现场气氛也活跃起来了，真可谓一石三鸟，堪称一绝。使用这种方法时，要让听众感到你的自我解嘲充满了乐观情绪和幽默感，这样才能紧紧抓住听众的心，引人发笑，让人在笑声中思考。

◎ 即景生题式的开场白

有时候，在演讲开场时，若演讲者以眼前的人、事、景为话题，引申开去，可以把听众不知不觉地带入演讲之中，从而不会感到倦怠和不耐烦。

例如，你可以这样说：“刚才，我在入场的时候发现在座的一位朋友非常面熟，这让我想起了我的一位至交。走近一看，又不是。但我想既然我们在此相识，今后不就可以成为朋友了吗？我今天要讲的……”

当然，即景生题并不意味着故意绕圈子，漫无边际地东拉西扯，否则只会冲淡主题，演讲者要注意渲染的内容一定要与主题互相辉映，浑然一体。

说话之道 →

开场白的方式有很多，演讲者完全不必拘泥于某一种形式，而是应充分结合自身的优势和不同的听众调整你的演讲信息。

讲什么，怎么讲，大家才肯听

现在很多有关演讲的书籍都在讲技巧，不可否认，技巧对我们每个人来说的确很重要，因为它可以帮助大多数人在短时间内提升演讲水平。然而，无论是学好演讲，还是完成演讲，一个很重要的前提就是你的肚子里得有货，也就是储备足够多的信息。与此同时，再运用我们所学到的一些演讲技巧，这样才能够呈现出一个比较完满的演讲。

从这个角度来讲，演讲内容应该是排在第一位的。比如说，大家去听马云的演讲，很少有人是因为他的颜值，或是他给观众带来了精彩的节目。大家更多注意的是什么？是马云讲了什么，马云在传达什么样的思想……这些内容点才是听众最想要涉猎的东西，也是真正吸引大家的魅力所在。在分析电影、小说或是戏剧时，有个很好的词，叫作“主线”，它同样也适用于演讲，也就是将所有你要表达的内容串联起来，做到每个演讲都有一条主线。

相反，如果我们先把所有技巧学会了，但是肚子里没货，那我们站在台上讲什么呢？你会发现你讲的内容是非常空洞的、乏味的，而这是很难吸引听众的。

那么，到底如何设计演讲呢？就是说，演讲到底讲什么、怎么讲呢？可以从以下几个方面着手：

◎ 明确自己演讲的目的

作为演讲者来说，最崇高的使命就是把对自己来说非常重要的东西植入听众的心里，也就是传递你的思想、观点，这一点最为重要。事实上，任何人只要拥有值得分享的思想，就能发表精彩的演讲。在公共演讲中，唯一真正重要的东西不是自信，也不是舞台展示，而是有价值的思想。如果你能在他人内心唤起某种有力的思想，你就做了一件非常奇妙的事情，同时，也是馈赠给他人的一份珍贵的礼物。

遗憾的是，很多人不知道如何去准备一次演讲，而是想到什么就说什么，所以思维往往是混乱的，听众又怎么能听得懂你的想法？在演讲时，如果你对自己的话不满意，就应该停下来思考你到底要讲什么。只有把这个问题解决了，演讲才算准备好了一大半。

◎ 准备演讲的框架

很多人说话没有逻辑，为什么？就是因为没有分条分理。演讲前，你应该认真想想可以从哪几个层面去分解，也就是确立一个大体的提纲。然后，分条分理地来讲。一旦框架设计好了，知道先讲什么，后讲什么，心里就会有底，演讲时就不会跑题。

这里举一个例子：

W君是一位从事互联网招聘的创业老板，团队有30多人，目前基本处于盈亏平衡的状态。作为创业者，肯定要遇到各种演讲的场合。如果W君遇到客户宣讲，可以先讲自己的产品，突出竞争力，再讲优惠促进方案。如果W君遇到招人演讲，可以先讲公司现状，再讲公司的发展目标和规划，接着讲招聘要求等。由此看来，无论遇到什么场合的演讲，分好框架都是非常必要的。当然，这个框架也是可以调整的。

如果你已经是一个非常优秀的演说高手，或者你本身就是某方面的专家，而你所讲的主题就是你非常熟悉并且天天讲的内容，那么你只需列好提纲就可以了。即便如此，在每次演讲之前，仍然要重新梳理演讲的提纲。

◎ 收集演讲素材，写演讲稿

根据提纲内容，收集演讲素材，包括必须要讲的故事或者内容，以及为了更详细地说明一个重点，可能会用到的其他素材。演讲就是讲故事，为此，你需要事先准备一个别人的故事、一个自己的故事。别人的故事可以激发听众的想象力，而你自己的故事通常是最感人、最真诚的。

最后，材料收集好了，就可以着手写演讲稿了。

总之，演讲的重点就是讲一些有意义的东西，在有限的时间内适当阐述你想要表达的思想，然后搭建一个框架结构，从而使演讲中的每个元素都能与这个思想建立联系。

说话之道 →

有好的演讲内容才会衬托出好的演绎方式。如果内容是空洞无力的，那即使我们的演绎方式再好，也会使你的演讲减分。

开篇藏爆点，吊足观众的胃口

平时讲话时，你是不是经常觉得自己或别人说的话缺乏内容、空洞？或者别人一说，你就忘了，几乎很难记住？这是为什么呢？问题就出在“言之无物”。内容空洞，没有实质性的东西，事例不生动，没有强烈的时境感，自然干巴巴的。

然而，那些不按套路出牌的人，反倒很容易给别人留下特别深刻的印象。举个例子，如何跟别人分享你昨天抓住了一个小偷这个话题呢？

一般人会说：“各位，昨天我在下班的路上抓住了一个小偷。这个小偷当时趁我不注意的时候，拎起我的包就跑，我立即追上去，把他抓住了，之后把他送进了派出所。”这样说话难免给人苍白、言之无物的感觉，效果自然不好。

如果换另一种讲法，效果就会截然不同。“各位，我昨天发生了一件了不得的事情！（故弄玄虚，制造悬念）你们知道是什么事情吗？我孤身一人，抓住了一个小偷。”在这段表述中，说话者故意制造悬念，不断吊起听众的胃口，给他人留下想象的空间，更能激发人们的好奇心，让大脑变得活跃起来。如果再加上声情并茂、绘声绘色的表达，那简直就是讲故事的高手了。相反，如果是全盘告知，听众不仅容易产生心理疲劳，大脑的创造性思维还可能受到压制。

让我们再看一个例子。

蔡康永在一次演讲中，计划穿插一段画家常玉的生平，他本来打算先讲常玉艰苦的求学经历，然后再讲述画家最终取得的辉煌成就。可是，就在蔡康永试着讲给台下的听众时，一位朋友突然发问：“常玉是谁？”

蔡康永这才意识到，虽然画家常玉在业内声名显赫，但是在普通人眼里，他的名声并不大，甚至很多人都对他一无所知。对于一个闻所未闻的人，听众怎么会有兴趣听你讲述他的故事呢？

于是，为了让演讲变得迂回曲折，让观众非常惊喜，在正式演讲时，蔡康永双手捧着一本常玉的传记上台了，紧接着，他不紧不慢地说了这样一番话：“请大家注意我手上拿的这本书，它大概只比我们平时用的鼠标垫大一点，但是别看就这么小的面积，如果上面画的是常玉的油画，那么以现在的市场价格来估算，大概值200万～300万台币。”演讲进行到这时，所有人都惊呆了，这么小的一幅画居然能卖到这么高的价格？所以，当蔡康永再次讲述常玉的生平时，听众都保持了很高的兴致。

一本有关演讲技巧的书中有这样一句话，“如果你的演讲在开讲两分钟之内不能逗引观众笑出声来，你就应该考虑调整了。如果到了第五分钟，演讲气氛还是很沉闷，你的演讲基本上就失败了。”

在任何一场演讲中，惊喜总是最令人难忘的部分。因此，演讲时，为了制造惊喜的元素，你可以安排几个意想不到的时刻，这样观众就会非常想知道接下来会发生什么。

一个使用惊喜元素的著名例子就是，2008年，在苹果Mac发布会上，当乔布斯从一个信封里拿出新的MacBook Air时，所有人都惊呆了，他们仿佛看到了未来的世界，这必然是一个让所有观众都为之惊叹的时刻。

试想，如果蔡康永在介绍常玉时，一板一眼地说他都取得了怎样的成就，听众很可能就会失去兴趣。当然，这并不是说演讲就要虚张声势，而是要让观众感到兴奋，并借此向观众介绍一些必要的背景。一旦奠定了基础，演讲便可顺利有效地达到高潮。

蔡康永的机智之处在于在故事的开头设置了一个爆点，即演讲中能触发听众兴趣的地方，从而吊足了听众的胃口，最终收到意想不到的效果。反之，若是把故事爆点藏在演讲过程的后面，听你说话的人可能熬不了那么久，就纷纷去上厕所了，反倒把好好的故事白白地给浪费掉了。

说话之道 →

老话说“此处无声胜有声”，演讲时，设个包袱，让人不得不跟着你“穷追不舍”，那样留给他人的印象就会更加深刻。

演讲的时候，请放慢你的语速

不少演讲者一站在台上，往往会不由自主地紧张，心里希望快速地把最好的演讲呈现给听众，但又总是害怕忘词，因此语速经常越来越快。也有一些人一场演讲下来，全是一个语速。要知道，我们在任何场合说话时，语速好比机器的机械运动，如果总是保持在一个速度、一个节奏，不仅不利于表情达意，还会让听众感到枯燥呆板、索然无味。

作为打下基础的第一步，调整好语速是优秀讲演者的必备技能。那么，演讲时如何调整语速呢？

◎ 切忌平稳推进，不紧不慢

本来是一篇不错的稿子，可是有的演讲者在演讲的过程中，通篇却一个“味”，说话的速度不紧不慢，如同平静的湖水一样，给人感觉根本不像是在演讲，倒像是在读一篇文章。

所以，如果你的演讲语速略显平铺，就要随时做出改变，该快则快，该慢则慢。为此，你在理解演讲稿内容的时候，就要留意哪里的语速要快，哪里的语速要慢，做到心中有数，才能讲得生动有趣。

◎ 切忌该快不快，故作镇定

很多演讲者在演讲过程中经常是一个语速讲下去，缺少特色不说，也很难达到演讲效果。其实，有些时候，故作镇定未必是件好事，该快则快才可行。

比如，在演讲的时候，当你讲到一个人面对困难时，演讲稿里运用了一连串的排比句，这种情况下，就要加快语速，以突出坎坷、波折的人生境遇。

再比如，当你想要表达一个人焦虑、惶恐等复杂的心理活动时，演讲的语速就要加快、再加快，并配以相应的语气，这样才能表现当事人的心理状况，也会引起听众的共鸣。

此外，在演讲达到精彩的高潮，或是为了制造戛然而止的结尾效果时，语速最好要有一个陡然加快的过程。当然，加快语速并不意味着一口气就得说完，如果句子较长，反而影响效果，得不偿失。

◎ 切忌该慢不慢，言不由衷

想想看，一个人在绝望时，在思念亲人的时候，心里的诉说肯定要慢，这就如同一个孩子轻轻抚摸母亲的脸一样，如涓涓细流。

因此，如果你要讲的话题较为严肃，或是满怀怀念、悲伤、失落、失望等情感时，就要减慢语速，这样能给听众一定的思考时间从而引起听众的共鸣。听众如同身临其境，感同身受，自然可以达到演讲的效果。比如，在讲一个有关军人奉献的题目时，就要慢慢诉说。

◎ 停顿也是演讲中非常有效的一种表达艺术

停顿是人在说话时需要换气的生理需要，停顿也是演讲者表达思想感情的技巧工具。另外，从听众的角度讲，接收演讲内容总要有个传递的时间，为此，讲话时也是需要停顿的，这样听众才能做到心领神会。因此，说话时若是没有停顿，无论演讲者还是听者都是难以忍受的。

当然，演讲的语速也应当根据演讲者自身的年龄、性别、身份有所变化。年轻人不妨快一点，给人充满活力的印象，太慢就会显得死气沉沉。还要根据讲话的内容与场合来调整语速。庄重的场合不宜过快，悲伤的场合要慢而低沉，欢迎的场合则要轻快一点，否则就会破坏气氛。

说话之道 →

语速的变化应当是自然、顺畅的，缓急适度，张弛自然，才能显示出语言本身的节奏感，不仅能让听众感到优美悦耳，而且也能有效地传情达意。

完美收尾，给听众不一样的回味

一场好的演讲就像是一出好戏、一首好歌，开始时能吸引听众的注意力，中间步步深入，最后有一个强有力的结尾。和其他环节比起来，精彩的结束语能促人深思，耐人寻味，给听众留下难以忘怀的印象。这不仅是演讲者自身演讲技巧十分成熟的表现，更是演讲圆满结束的一个标志。

结尾是演讲的重要组成部分，想要让听众对你的演讲印象深刻，就要设计一个完美的结尾。具体应该怎么做呢？

◎ 总结你的演讲

在实际演讲中，不少演讲者往往会不知不觉地使谈话范围涵盖得很广泛，以致演讲临近结束时，听众对于演讲者的主要观点是什么都感到很困惑。为此，在演讲临近结束时，你可以用极其精练的语言，简明扼要地对自己阐述的思想和观点做一个高度概括性的总结，比如，"请允许我简单地重复一下所讲的重点……"，然后把重点逐一列举出来，并重复一遍，让听众明白这些要点之间彼此的联系。

任何演讲都遵循一个简单的公式：告诉听众将要讲什么，然后讲出来，最后再告诉听众讲过了什么。要知道，听众喜欢把听过的要点穿成线，这样大家就明白你快要收尾了。

◎ 请求采取行动

为了让演讲充满力量，取得非同凡响的效果，请求采取行动、发出号召是一种理想的方式。不论听众是否同意你的观点，是否愿意做你期待的事情，都要让他们清楚你要求他们做的是什么，这样听众在听完演讲后才会付诸行动。

这一点特别重要。为此，在演讲接近结尾的时候，演讲者需要用充满激情、扣人心弦的语言来表达自己的思想主张，提出任务，表达希望，发出号召。同时说话要有力，重点突出，这样才能赢得听众感情上的共鸣。

◎ 提出问题引人思考

在演讲结尾时，演讲者向听众提出问题，甚至是一系列的问题，这样可以让观众参与到演讲中来，让听众深入思考，做到以境感人。

◎ 简洁而真诚地赞扬

在演讲结尾时，诚挚的赞扬可以于无形之中拨响听众的感情之弦，引起听众的共鸣。这样会使听众感到愉快、高兴，并对自己的事业前途充满希望。为了达到这样的效果，演讲者的态度必须真诚，不可夸大其词。否则，只会让人觉得虚伪。

◎ 以幽默或诗句结尾

在所有的结尾方式中，幽默或诗句最能被听众接受。演讲者的意思虽未直接表露，但是听众在欢声笑语中会去思考、领会演讲者的深刻用意。

另外，演讲者如果能在结尾恰到好处地引用名言、格言、名诗句等作为结束语，不仅可以为演讲的主题思想提供一个有力的证明，使听众得到更深的启发，还能增添演讲的文学色彩，带给听众美的感受。

◎ 以讲故事结尾

演讲快要结尾时，可以这样说："我给大家讲个故事，以此说明刚才所讲的内容……"然后简短地讲个有寓意的故事，讲完后要告诉听众故事的寓意是什么，而不是让听众自己去猜。

◎ 清楚地表明演讲结束了

很多演讲者在演讲临近结束时会习惯性地说"这就是我们今天的内容，谢谢大家！"之类的话。这样的结尾不够有力，也没有权威性，只会妨碍演讲者的可信度和影响力。

如果演讲即将收尾，演讲者就要确保自己安静地站在那里。接着，从听众中挑选一张友善的面孔，适当的时候，对那个人投以微笑，以此来表明演讲已经结束了。与此同时，务必要克服一些不恰当的举止，比如，收拾演讲稿，摆弄衣服或者麦克风。

当然，完美收尾的方法并不限于此，需要演讲者根据演讲的时间、地点、课题以及听众的个性随机做出调整，运用自如。若是忽略了这一点，生搬硬套某种方法，只会适得其反。

说话之道 →

为了确保演讲结尾震撼有力，在准备演讲其他部分之前就要优先准备结尾部分，然后再回头设计开头部分，这样可以为结论部分做好铺垫，打好基础。

回答问题有时比演讲本身还重要

“苹果之父”史蒂夫·乔布斯的演讲总是令人着迷、疯狂，为什么？因为他总能将苹果产品将如何改变人们的生活娓娓道来，圆满地回答听众心中最重要的问题——“我为什么应该关心这个？”可以说，回答问题有时甚至比演讲本身还要重要。

然而，很多人常常害怕演讲最后的回答提问环节，在这些人看来，在公共论坛上和别人辩论自己的工作是一件令人恐惧的事。不过，如果接受邀请去演讲但又不愿回答问题，那么未免显得不礼貌或是不够专业。

事实上，能让人提出问题的演讲才是真正精彩的演讲，这意味着听众想了解更多有关你的工作，表明你的演讲内容和表达方式很吸引人。回答问题不仅是对演讲人的智慧、心态和掌控能力的挑战，也是就敏感问题做工作的一个极好的机会。

为此，在正式演讲之前，你不妨模拟听众的提问环节，站在听众的角度思考一下他们会提什么问题，并自问自答。与此同时，你在准备内容时，可以多问自己几个为什么，例如，“我为什么要讲这个?”“别人听了会有什么收获?”“我这样讲别人能不能听懂?”“别人在这个地方可能会有什么疑问？我该如何回答他？”最好把控在听众能提两到三个问题的程度，这样既不会冷场，也不会因问题太多，无法一一回答，让有疑问的听众无法得到满意的答复。

接下来，你在回答听众的问题时，要格外注意以下几点。

◎ 复述一遍听众的提问

当听众提出问题后，你需要按自己的理解再复述一遍听众的提问，并和听众确认是否理解有误。如果这个问题是你事先准备过的问题，那么将答案说出来就行。如果这个问题你事先没有准备过，在复述的时候，就要快速地思考一下如何回答。一般来说，听众提出的问题都是对你所讲内容的一些疑问，你进行答疑即可。

◎ 不知道的问题要如实回答

如果听众的问题超出了你所讲的范围，你可以这样说："这个问题不在我们今天讨论的范围内，如果有兴趣，我们可以会后找时间一起探讨。"

如果听众的问题在你所讲内容的范围，但是你仍然无法回答，就要如实回答："很抱歉，我的个人能力有限，目前这个问题我还无法回答，不过我已经记下来了，有机会我们可以一起来讨论一下，或者如果您有更好的想法，我们过后可以一起讨论。"

当你把提问当作是一个讨论学习的机会时，不仅向别人展示了自己虚心学习的一面，让你看起来更专业、更自信，同时也让别人知道你是乐于合作的。反之，若是硬要回答这些问题，只会让你很尴尬。

◎ 如果对方的问题很尖锐

有些情况下，有些听众会极力，甚至带有挑衅意味地质疑你的演讲。遇到这种情况，你首先要保持冷静，然后指明你同意或不同意哪些观点并拿出证据。你也可以借机把自己与他人有明显分歧的意见或观点讲出来。当然，你也可以靠平常的积累将话题绕出来，讲自己想讲的话，不掉进对方设置的陷阱里。

如果你与对方就某个问题讨论的时间太长或太过激烈，就不要再继续争下去了。你可以说："我们在这个方面存在分歧，可以在会后继续讨论。"这样一来，你不仅向听众展示了你不畏辩论的精神，还用实际行动告诉听众你有足够的信心缓和当前的局势，让听众不会受此影响。

最后，需要提醒的是，切忌以问答环节结束你的演讲。虽然很多人认为这是一个好的做法，因为听众总是想与演讲者有更进一步的交流、对话。事实上，将这一环节放到演讲的最后，实在是个糟糕的做法。因为你很可能会陷入在自己说完"有人提问吗？"之后，台下仍然一片沉寂的尴尬情景。不仅会让你尴尬，就连之前营造的演讲效果也会被破坏。所以，永远都不要以问答作为演讲的结尾，否则就太冒险了。

说话之道 →

检验演讲是否成功的标志在于是否抓住了听众的注意力，是否解答了听众有质疑的问题，是否传递了新的信息。

第十章
亲密对话：甜言蜜语也需要练习

搭伙过日子是生活，有情有义才是婚姻。然而，不知从什么时候开始，我们已经不会对身边的人好好说话了。不好好说话，是扼杀亲密关系的元凶。

约会聊天真诚不滑头，让人不爱都难

万事开头难，两个人约会的时候，如何展开话题，更是尤其重要。如果见面之前，两个人已经通过电话，或是彼此已了解，见面后总能找到共同感兴趣的话题。

但是，很多时候，两个人会聊到什么话题往往是不可预知的。所以，对于聊天的任何一方来说，要想跟上所有话题也是不可能的。请大家认真体会下面这段男生和女生的聊天对话。

男生："今天路上人多，堵车了，所以来迟了。"

女生："没事，我们公司开会下班晚了，我也刚到没多久。"

男生："饿了吧？最近一连几天都是雾霾天，我今天在外面跑了一天，我们点一些山药和萝卜吧，润润肺。"

女生："嗯，好。我一路走过来也吸了不少的粉尘。"

上面两个人似乎是在交谈，但一直都是在各说各的。由于两个人都没有真正学会聆听，没有学会聊天技巧，造成聊天内容浮在表面的局面。这样下去，任何话题都会无法深入下去，两个人最终也会因为没得聊而弄得冷场尴尬，甚至不欢而散。

如果提升了聊天技巧，理想的情况就是下面这样的。

男生："今天路上人多，堵车了，所以来迟了。"

女生："哪一路车啊？怎么堵上了？"

……

接下来，男生就会分析人多堵车的原因，如果女孩懂得抓住“路上人多”这个关键词，再描述一段她过往乘地铁的小插曲，两个人就把聊天的话题延续下去了。

另外，在女生说了“我们公司开会下班晚了，我也刚到没多久”之后，男生若是回应“你们经常晚下班吗？”，女生可能就会抱怨一下公司如何拖时间，这样男生就会和女生产生共鸣，把话题继续下去。

可见，约会聊天，一个重要前提就是要对你的约会对象充满好奇。当然，约会更重要的目的是培养感情、推进关系，而不是为了聊天而聊天。所以，掌握一定的聊天技巧还是非常有必要的。那么，怎样才能通过约会聊天，有效地培养感情呢？

◎ 多描述未来

梦想，无论何时都是一个美好的话题。约会聊天时，不妨聊一聊小时候有什么梦想，再进一步谈一谈未来的计划，这样的套路虽然看起来有些矫情，但是何尝不是一个很有趣的话题。在恋爱学上，这种方法叫作背景植入，既能使约会氛围轻松愉快，又能加深彼此的了解和信任。有想法、有未来的人，当然会吸引很多人喜欢和欣赏。

◎ 聊彼此喜欢的美食

谈论美食，是一个令人愉快的话题。因为“吃”是人人都能接得住，都有话聊的话题。如果你们在餐馆或酒吧约会，不妨谈谈各自喜欢的美味，不仅能借机了解对方的口味，还能为下次约会地点的选择提供参考，最关键的是，根本不用担心没有话题可聊。

如果对方自称有拿手绝活，先不失时机地夸赞一下，接着调皮地来一句：“听得我都流口水了，哪天让我一饱口福吧。”就算对方知道你是在恭维，也会很受用的。当然，如果你也有一手，别忘了邀请人家品尝你的手艺。这也可以在不经意间体现出自己的生活品位和爱好，让对方看到健康丰富的你。

◎ 聊兴趣、爱好

提到令人感到激情澎湃的事情，都会有一肚子的话想说。当你发现对方对某一个领域特别感兴趣的时候，你可以把话题往那边引，让他尽情地表达自己的想法。无论是养宠物、唱歌，还是志愿者活动、炒股，等等，都是很好的话题。

在谈话中，若是能讲一讲与此有关的自身故事，并注入情绪和感受，一定能感染到对方。

◎ 谈工作

上班族每天大部分时间都会在办公室里度过，因此，约会时为了避免冷场，可以从对方的工作入手。而且多数人说起工作，哪怕是再索然无味，也会说得天花乱坠。

不过，谈起工作，一定有很多开心和不开心的事情，你就要控制好主动权，别让对方不停地唠叨一些工作中烦心的琐碎事，否则当对方越说越不开心时，你也会越听越不耐烦的。

◎ 聊朋友、家人

如果你们有共同的兴趣，就能互相分享很多经验；如果没有，稍微了解一下对方的亲戚朋友也不错。可以聊聊对方的朋友多不多、跟他有多好，跟好朋友最喜欢去哪里，自己比较像谁。

说话之道 →

约会聊天时，如果对方提起的话题，你完全不想接，或是根本就觉得无聊，但是出于礼貌又不能当面拒绝，不妨巧妙地把对方热衷的话题转移到一个非常大众的话题上，不仅不会搞砸场面，谈话也能继续下去。

情绪来了，多备几种说话模式，错不了

夫妻之间、恋人之间难免会有矛盾，难免会吵架。虽然我们一再说要控制自己的情绪，但是情绪一上来，还是刹不住。

在双方都很情绪化的情况下，你说的每一句话其实都是在表明你对对方的态度。人们都说“对外人才会客气”，其实对亲密的人更要客气。如果你真的珍惜你的亲人，在情绪爆发之前，就要先注意一下自己的风度。

很多与沟通有关的书籍都在告诉我们这样一个技巧——不带情绪地描述行为，才能更好地表达说话者的感受，这才是适宜的沟通方式。有情绪很正常，如何缓解情绪，双方如何和解，这才是关键。

所以，当男朋友不接你的电话时，不妨换一种表达方式，说：“我今天给你打了三个电话，你都没有接，当时你一定在忙吧？其实，没有听到你的声音，我还是有些失落的，因为我有一件很重要的事情，想听听你的意见，可惜时间不等人，最后只好我自己做决定了。你以后不忙了的时候，要记得及时给我回电话，好不好？”

也许有些人会说这样未免太拐弯抹角了，毕竟只是一个例子，不一定非要如此。不过，在矛盾、冲突面前，冷静理智、保持耐心才是最重要的。在情绪失控时，如果你懂得一定的套路——疏解情绪的技巧，不但可以帮你练就成一个非常优秀的伴侣，而且会越来越受另一半的喜欢。

◎ 不加评判地进行行为描述

很多情绪、矛盾的爆发，往往与我们习惯性地使用指责、贴标签这样一些情绪用语有关。举个大家都深有体会的例子：

某女生不满意男友因为打游戏而延误了两个人的约会，气急之下，说了一些评判性的话，“你怎么那么讨厌，为了打游戏，你又迟到了，你心里根本就没有我，你根本就是不讲信用的人。”

让我们分析一下这句话，“讨厌”“你心里根本没有我”“不讲信用”都属于情绪用语或者贴标签。若是改变一下表达方式，如“你因为打游戏，所以耽误了我们的约会”，由于不带有任何评判、指责，只是用中立的态度如实地呈现对方的行为，效果就会好很多，其实，好好说话就是这么简单。

◎ 阐述具体影响

就是说要清楚地表达对方的行为给你带来的影响，并且你的表述越具体越好。为什么要这么做呢？由于每个人对世界的认知不同，导致每个人对事情的理解和接纳度也不一样，所以你眼里看到的事情，以及由此产生的影响，对方未必这么认为。

从这个角度来看，吵架并非像我们想象的那么糟糕。吵架不是问题，我们对吵架的定义才是问题。或许可以这么说，吵架恰恰给了我们一个机会——讲清楚自己，也看到别人的不同。比如，“没有听到你的声音，我还是有些失落”“我在这里等了很久，腿也酸了，心情也不好”就是一种优雅的表达方式。记住，有些事情你不说，对方是不可能明白的。

◎ 表达内外一致的感受

在这个环节，你要表达出你在生气之前的那个情绪，这可能来自你身体上的感受或者你的心理情绪。虽然很多时候，我们经常忽略这种感觉，但是它却真实存在，只是常常被我们自己的生气、懊恼给掩盖住了。

比如，眼看约会的时间已经过了一个小时，男友还是没有一点消息，女方的大脑很可能会闪现出一个不好的念头，但是转瞬又消失了，这个念头就是你的情绪。我们应当学会捕捉这个情绪，并且把它表达出来。也许当时你是这样想的：“我很着急，也很担心你，甚至会有很多的猜想。”虽然很短很细微，但只要捕捉到，并将情绪表达出来，坏情绪就找到了出口。

所以，上面那个例子，完美的表达可以是这样的：“你因为打游戏，所以耽误了我们的约会。我在这里等了很久，腿也酸了，心情也不好。我很着急，也很担心你，甚至会有很多的猜想。”

对比一下原句，这样的表达没有指责、没有评判，让我们看到了更多的事实真相，对方也更清楚地了解了你的想法，自然也就减少了正面冲突，免去了不必要的口舌。

说话之道→

两个人之间的恶性沟通，势必会加速双方身心的折旧。能用说话搞定的事，为什么要跟自己的身心过不去呢？一个可以控制自己情绪的人，一定是个极有教养的人。

真爱就是“我愿意听你说”

现实生活中，有很多夫妻和各自的朋友在一起时往往能耐心和平地相处，但是两个人单独在一起就会吵得不可开交，结果翻旧账、扯歪理，你说你的，我说我的。最后，累了烦了倦了，进入了冷战。

寸步不让的我们，都是只希望这个世界温柔地对待我们，我们却不曾温柔地对待这个世界。其实，在任何一段亲密关系中，解决冲突的一个重要诀窍就是倾听。一直以来，我们都在强调聆听的重要性。然而，大多数时候，我们却常常无视沟通对象的存在，用一些攻击性的语言表达我们的观点、怨恨、愤怒，这样只会让我们继续身处冲突的风暴之中。

因此，在亲密关系中，为了避免彼此关系因冲突而变得疏离，我们需要在倾听中学会关注语言背后的需求与渴望，就是尝试在倾听时去除掉攻击性的语言，并且以非攻击性的语言回应对方，于是建设性的沟通就开始了。

阿娇与志明是一对结婚不久的小夫妻，两个人几乎花光了所有积蓄买了郊区的一套两居室。本来是一件挺开心的事情，两个人终于可以拥有自己温暖的小窝了。可是，自从房子装修那天起，两个人就天天吵架，甚至还萌生了离婚的念头。

装修怎么还与离婚扯上关系了呢？原来阿娇想将家装修成欧式的，而志明偏重中式的，阿娇就讽刺说：“你好土啊，一点审美眼光都没有。”志明愤愤不平地回应：“你洋气，也不过是泥腿子刚上田。”

就这样，两个人你一句我一句地拌起嘴来，甚至还上升到人格层面，结果让简单的矛盾不断升级，往日的温情在争吵中不复存在。

这样的沟通完全无益于冲突的解决。当阿娇抛出那样一句话时，志明真正听到的是什么？阿娇希望她的意见可以被听到，她的需要可以被满足，而志明只回应了她攻击性的部分，根本无意与她探讨问题。

如果志明懂得倾听，他的回应可以是这样的："欧式设计究竟哪里好，让你这么执着？"或许听了这样的话，阿娇也就放下了自己的攻击，将话题转到装修设计上来。一场争吵也就无从发生了。在亲密关系中，当一方愿意尝试去理解另一方，关注到了另一方的情感需要以及感受时，才能创造达成共识的基础。

为了能够了解对方的感受和需要，在谈话的时候，我们还需要给予一些回应。比如，你可以这样说："以前你没有跟我说过这些，今天你这样说，我觉得我明白你的想法了。""我不知道我这样做会给你这些感觉，你再说说，我还想多了解些。"总之，就是引导对方说更多。

很多时候，做一个优秀的倾听者，只需要专心地看着对方，认同的地方点点头，懂得用简单的语言来回应，比如"嗯""真的？"或者"你是说……""你觉得……"等等，这样做才是专注地倾听。

说话之道 →

> 我们无法完全避免冲突，也很难改变别人在冲突中的表现。但是我们可以改变自己的表现，而良好的倾听就是有效解决冲突的关键。

真诚到位地肯定，亲密关系才会良性循环

仔细观察那些热恋时期的恋人们，你会发现语言常常充满爱与甜蜜。然而，一旦陶醉过去，个人真实的愿望、情绪和行为就会现出原形。根据心理研究表明，一段神魂颠倒的恋情的平均寿命大概只有两年。于是，在亲密关系中，常常是一方埋怨，另一方却表示不理解。

虽然说一句批判的话很可能会使得关系破裂，但是一句肯定的话往往可以使关系变得亲密，也许还能创造奇迹。事实上，只有我们学会理解对方爱的语言，对方才会有被爱的感觉，两个人才能更好地处理冲突，建立亲密情感。

阿珍是个爱干净的人，每当打扫屋子时，她总是希望丈夫能帮她给地板打蜡。可是，无论她怎样提醒，丈夫就是无动于衷，精力都放在自己喜爱的音乐影碟上。为了这件事情，阿珍越想越恼火。

无奈之下，阿珍约了一位心理咨询师朋友出来聊天。

“你确定他知道，你的要求是帮你打蜡吗？”咨询师朋友问阿珍。

“我肯定。”阿珍说。

“那我问问你，你觉得你老公做过的什么事情，在你看来，是令你满意的？”咨询师朋友继续问。

“你也知道，他这个人跟我一样，爱整洁，从不乱丢衣袜。我的车都是他给加油、保养。哦，还有如果朋友们在一起吃饭，每次他总是抢先埋单……”阿珍不假思索地说。

“好了，我明白了，现在我只给你一个建议，就是从现在起，不要再提

让你老公帮你打蜡的事，下回你老公只要帮你做任何事情，你都口头赞美他一下。你可以说‘谢谢你帮我加油’，而不是说‘我的车又没油了，你去加油吧’；再如，当他把垃圾袋拿出去时，你要说‘亲爱的，真的很感谢你把垃圾袋拿出去’，而不要说‘该是你拿垃圾袋出去的时候了’。”

离开时，阿珍对朋友的解围似乎并不满。但是3周后，她却兴奋地在电话中跟咨询师朋友汇报：“你的建议非常有效。”

在两性沟通中，许多伴侣从不知道用言语肯定彼此的那种惊人力量。事实上，口头的赞扬或欣赏的话语，就是“爱”的有力沟通工具。

为了达到理想的沟通效果，肯定的言语最好以简单的肯定句来表达。例如：

“你的耳环跟你的脸型很配。”

“哇！你戴这条领带，帅极了！”

“谢谢你，这么晚了，还在等我吃饭，这让我太感动了。”

“你的新发型很不错，我很喜欢。”

“你穿那套连衣裙，看起来真漂亮！”

其实，人人都需要夸奖，适度真心的赞美总会轻易就让人心情愉快。而且在亲密关系中，赞美更是一剂灵药，可以让你们的关系变得更加亲密和谐。

如果你与另一半也有沟通上的困惑，不妨用一张卡片写上每天你对他/她说的肯定的言语，并贴在家里最醒目的地方，相信坚持一周，你就会发现，对方身上竟然有那么多的优点令你欣赏和仰慕。当然，你也可以在伴侣的父母或朋友面前赞美他/她。

说话之道 →

肯定的言语就是多说鼓励的话、赞美的话、肯定的话，而不是责备的话、要求的话。

口吐恶言要“计件收费”，温柔赞美才会甜蜜积分

没有人喜欢听批评抱怨的话，更不愿意与一个总是抱怨的人生活在一起，因为没有人希望这样过一生。不幸的是，很多感情关系变差恰恰源于此。

作为伴侣的职责之一，就是帮助你的另一半成为他/她理想中的那个人。为此，你不要总是挑剔他/她，拿他来和隔壁的某某相比，而应该温柔地鼓励、赞赏你的伴侣，为他/她加油打气。

给予口头上的赞赏与鼓励，是向你的伴侣表达肯定言语的一种方式。你要知道，很多人都缺乏安全感，而“鼓励”这个词恰恰可以激起他们的勇气，激励他们去完成一些一直以来想做但尚未做的事情。

艾丽以前很喜欢写些东西。大学毕业后，在第一个孩子出生前，她已经写了几十篇文章，并往杂志社投了一些稿件，遗憾的是，大多都被退了回来，从此，她再也没有投过稿。现在孩子大了些，她比较有时间沉思，于是又开始写东西了。

艾丽的丈夫马修自从结婚以后一直忙于自己的事业，很少关注艾丽的写作。后来，在升迁的压力中他渐渐明白，人生最深刻的意义，并非取得辉煌成就，而是在于与亲密伴侣之间的关系。于是，他把更多的心思花在亲人身上。

一天晚上，马修拿起了艾丽的一篇文章。看完后，他走到书房，看见艾丽正在看书。他兴趣盎然地说：“我不想打扰你看书，可是我必须告诉你，我刚

看完了你的一篇文章，艾丽，你是一位优秀的作家。这篇文章应该寄到杂志社去，你写得真的很不错，我都被你的文字给迷住了。”

“你真的这么认为吗？”艾丽迟疑地问着。

“我说的是真的，我告诉你，这是好文章。”马修说。

马修离开书房后，艾丽没有继续看书，而是自己一个人默默地坐了很久，她不断地回想着马修刚才说的话。于是，她想：现在的她不一样了，她的文笔较好，经验也多了。

就在艾丽起身去拿水杯之前，她做了一个决定：她要把自己的文章寄到杂志社去，这样她就可以知道它们是否会被刊登出来。

自从听了丈夫鼓励的话，艾丽开始有无数的文章刊登出来，现在，她已经是一位非常优秀的作家。然而，只有她自己知道，是先生鼓励的话，才激励了自己踏出投稿艰难过程的第一步。

真正的爱并不是将你的伴侣改造成你希望的样子，事实上，很多人早已认识到这样的努力最后只会以失败告终。其实，让两个人的关系更亲密的技巧之一就是从鼓励开始。

其实，每个人都希望伴侣能给自己带来安全感，在自己失败甚至跌倒的时候，能得到一些鼓励、一些指引，知道下一步该如何走。而你的鼓励最能帮助伴侣成为他/她理想中的样子。

举个例子，如果你的伴侣说：“我想报名参加减肥班。”那么你就有机会说鼓励的话了。比如，“如果你下定决心去做那件事，我相信你一定会成功的。”“如果你决定做什么事就去做，如果那是你想做的，我会尽全力支持你，不要担心学费。”这些话无疑可以给予你的伴侣所需的勇气，让他勇敢地踏出第一步。

当然，鼓励也需要同理心，就是从伴侣的角度，发现什么是重要的。只有如此，我们才能给予其鼓励。然后，尝试表明你的态度，让对方知道我们相信他/她的能力，让对方感受到我们对他/她的认可和赞美。

当然，也许对你来说，说鼓励的话并不是一件容易的事；也许那不是你主要的表达爱的语言；也许，你要下很大的功夫，才能说出这种爱的语言，尤其是你有批评和埋怨的习惯则会更难。可是请相信，你的一切努力终是值得的。

说话之道 →

人在任何情况下都希望有支持和鼓励，尤其想得到自己身边最亲密的人的鼓励。在亲密关系中，你鼓励什么，就即将得到什么，所以，永远都不要低估一句鼓励的话的力量。

学会非暴力沟通，“战争”永远都不会开始

在情感关系中，为了与我们所爱的人建立牢固的情感纽带，我们不仅要爱得更努力，而且要爱得更有智慧。在现实生活中，几乎每对情侣都会遇到一些危险系数很高的词汇，而这些词汇又会给他们的情感生活带来很大的麻烦。

举个例子，很多情侣在一起时总喜欢用“你总是……”这样的句式来展开对话。然而，每当一方听到“你总是……”这几个字眼时，心里就会觉得很不舒服：又来了，简直让我烦透了，我到底做错了什么？！结果，被指责一方的注意力全都集中在了反击另一方的这种“你总是……”的古怪说法中，根本没心思关心对方到底说了些什么。

其实，很多时候，指责一方之所以这么做，只是为了引起另一方的注意，渴望对方关注自己的感受，并得到对方的理解和鼓励，但是迫于找不到合适的方式排解内心的不悦，只好下意识地选择用“你总是……”这种方式来表达自己的不满情绪。而对方对此却并不知晓，所以，两个人的误会就会频频出现。

事实上，很多时候，恰到好处的一句话，不仅能平息冲突，还能让彼此的亲密关系更亲密、更融洽。从这个角度来看，为了更好地推进亲密关系，避免说一些不该说的话就显得至关重要。

◎ 避免说“我就知道你会那样说”

虽然这句话本身并非责难，但是从伴侣嘴里说出来，不免会有挖苦的意味。当一方不屑地对另一方说“我就知道你会那样说”时，无异于是在用另一种方式责备伴侣是个“笨蛋”“死脑筋”。如果仔细翻看离婚案例，你会发现最明显的征兆之一往往就是无论一方说什么，另一方总是表现得不屑一顾。

取而代之，若是能这样表达就好了，“你以前就这样说过，所以它一定还在困扰着你”。这么说不仅真诚地考虑到了另一半的感受，还表明了你希望能为解决问题做些什么的态度。最关键的是，你们的亲密关系也会在沟通中变得更加牢固。这才是明智的做法。

◎ 避免说“你快要让我疯掉了”

在男女关系中，我们都希望对方跟自己所期待的一样，但常常事与愿违。比如，女友总是抱怨男友，“不给我打电话”“总是不倒垃圾”“总是不过来看我”，女友讲着讲着觉得自己简直快要疯了，男方却感觉自己很委屈。

其实，当抱怨来袭时，你最好能够明确地表达是什么在影响自己的情绪，你需要强调对方的行为带给你的感受，但不要一下子就列出一大堆的委屈清单。你要记住，一次只指出一个问题，比如：“当我想跟你说说话时，你只顾着玩游戏，你那样做，让我感到很难受。”

在情感关系里，一味地抱怨、指责对方哪里做得不好，只会使情感疏离，而发于真诚、发于感觉的沟通，反而能治愈好受伤的关系，让一切变得更好。

◎ 避免说“为什么你总是不听我说？”

我们常说，两个人的沟通，70%是情绪，30%是内容，若是情绪不对，内容就会被扭曲。即便你有一肚子的委屈和辛酸，没有良好的情绪，说得再多也只是发泄。遗憾的是，在情感关系中，一方对另一方总会不管不顾地说出这样的话，“为什么你总是不听我说？”乍听是在沟通，实则是在挑衅。“为什么你总是不听我说？”用词满是责备、抱怨不说，语调也阴阳怪气。尽管你心里想着沟通，脾气却比谁都大，结果越讲吵得越厉害，关系当然会疏远或是产生隔阂。

其实，要沟通，就要诚心实意、心平气和，而不是把最坏的情绪留给最爱的人。相反，若是试着用“这对我真的很重要”这句话作为开场白，不仅真诚地表达了你的感受，还顾全了对方的自尊和面子。

在亲密关系中，表达你的感受是非常重要的，而语气更为关键，这样的沟通方式其实就是在求协调，虽然并不会让问题消失，但是是一种超级有效的沟通技巧。当对方了解了你的感受时，就会更想靠近你，于是便有机会和你建立亲密的心理联结。

◎ 避免说“说得对，我就是要离开你！”

在很多亲密关系中，一方似乎很热衷于用这种“离开”的方式来威胁对方。事实上，这种表达方式几乎不给双方留一点的交流余地，甚至随着时间的推移，随口而出的“离开”反而会变成现实。

其实，你并不是真的想要离开，那么何不把那些一触即发的冲动按在心里？如果你们的关系还没有到破裂的程度，就要寻求一些能继续进行交流的途径，而且说出真实的感受会更有助于接触到问题的根本。

◎ 避免说“你怎么能那样对我？”

不少情侣说话时，态度总是显得非常生硬，也许你的本意是好的，可是你的话一说出口却变了味，争执也就在所难免。因此，最好用一些更好的方式表达你的感情，字眼上小小的改变往往可以让你看到自己期待的一面。

若是改口说：“这伤害了我的感情。是什么让你那样做的？”不仅压住了你的火气和抱怨，还为创造和谐的两性关系做好了铺垫。

说话之道 →

关系，是语言创造出来的。好的亲密关系更离不开好的语言，而不好的语言只会给关系带来伤害。

有时善意的谎言也可以打动人心

很多时候，虽说坦诚是情侣的恋爱底线，但事实上很少有哪对情侣可以做到真正的坦诚。在二人世界里，爱的谎言不仅是情侣间的调和剂，还是让爱情永葆青春的神奇秘方。在不涉及大局的事情上，偶尔对你的伴侣撒个谎，不仅可以营造出一种温情脉脉的氛围，没准还会带来意想不到的惊喜。

他和她相识在一次宴会上，她年轻美丽，身边不乏追求者，他却普普通通。宴会结束后，他鼓起勇气约她喝咖啡，她出于礼貌，答应了。

在咖啡馆里，两个人几乎没有什么话题，她只想尽快结束。但是当服务员把咖啡端上来的时候，他却冒出一句："麻烦您拿点盐来，我喝咖啡时习惯放盐。"

她一听，愣了，服务员也愣了。大家好奇地看着他，搞得他的脸都红了。

服务员把盐拿过来，他放了一点进去，慢慢地喝着。她是个好奇心重的女孩，于是问他："你为什么要加盐呢？"

他沉默了一会儿，慢慢地说："小时候，我住在海边，在海水里泡多了，海的味道也尝多了。现在，我已经在大城市安了家，在咖啡里加点盐，是为了回味一下家的味道。"

她被这句话打动了。她认为，想家的男人一定是顾家的男人，而顾家的男人一定是爱家的男人。于是，两个人聊了很久。

这之后，两个人约会的次数越来越多，她发现他其实是一个很好的男人，大度、体贴。她暗自庆幸，幸亏当时没有和他擦肩而过。

后来，她和他去遍了城里的每一家咖啡馆，每次她都会说："请拿些盐过来，好吗？我的男朋友喜欢在咖啡里放盐。”

就像童话故事里一样，我们的王子和公主过上了幸福的生活。

五十多年后的一天，他生病去世前交给她一封信，里面有这样一句话：“原谅我一直欺骗了你，还记得第一次请你喝咖啡吗？当时我实在是太紧张了，竟然对服务员说拿些盐来，只好将错就错。没想到这竟然引起了你的注意，这一下，让我喝了半辈子加盐的咖啡。虽然加盐的咖啡很难喝，但我庆幸自己说了那句谎话。”

看到这里，她一脸惊讶的表情，但心里是无比幸福的，她多想告诉他：“我是多么高兴，有人能够这样一生一世地欺骗我！”

虽说爱人之间应当真诚相待，不应该存有虚伪和欺骗，但有时也需要一些变通。可以说，爱的谎言是甜蜜的，是爱情生活不可缺少的调味品。它表达着爱的真实，是爱情永葆青春的秘方。当然，如果你识破了对方的谎言，也要给对方个台阶下，因为爱情同样需要感动。

一次，李娟过生日，男友买了一条项链作为生日礼物送给她，并且自信地说：“我觉得这个款式最适合你。为此我去了好几家首饰店，挑选了很久。”

说完，男友深情地凝望着李娟，希望她也能喜欢。

其实，李娟并不太喜欢这条项链的款式，但是她又不想让男友为难。她左右端详后，赞叹道：“这条项链好别致啊，款式也很时尚，一定花了不少钱吧？戴上它，我就忍不住要想到你。”

男友听了，一脸喜悦，心里别提多美了。

爱情中，有时谎言好比甜言蜜语，一个白色的谎言也许会营造出一种爱的甜蜜氛围。试想，如果李娟把自己的真实想法如实相告，岂不是大煞风景。毕竟有些谎言说了能让彼此更恩爱、更亲密。

在柴米油盐的小日子里，撒个小谎，给爱情润润色，这也是爱情生活中不可缺少的套路。这就好比另一半对你撒的小谎一样，有时候不是对方有意为之，而是因为对方更在乎这份爱。以下就是一些善意的谎言，若是运用得好，就可以使对方对你宠爱有加。

“今天我要加班，晚回一会儿，你先吃饭吧，不要等我了。”俗话说，距离产生美。天天黏在一起，万一对方烦了怎么办？！

“我也喜欢看这个节目。”你是真的爱看吗？恐怕未必。但是爱情就是要相互包容，不妨从忍受一个完全无爱的节目开始。

“哈哈！太逗了！”对方的笑话或段子不够搞笑也没关系，最起码你还能假笑一下，这对锻炼腹肌也是一个极好的练习，难道不是吗？

“我不知道怎么回事啊！”当你不小心把饮料或冰激凌撒到了对方最爱的笔记本上，那就装作不知道好了。没有必要为了这么点小事儿让两个人都闹得不愉快。

“你做的饭真好吃。”也许你的伴侣明知道自己做的饭并不好吃，但你还是一直夸他，他会绞尽脑汁做出好吃的给你。你的一个小小的鼓励或许就会一手打造出下一个厨神哪。

“我没看过这个电影啊。”其实这是你最爱看的电影，不知已经看了多少遍了，不过为了你的另一半，再看一遍又何妨，反正走走神，时间就过去了。

说话之道 → 真诚是为了爱情的甜蜜，适当的谎言也是为了给爱情增色。

第十一章
日常对话：如何有效地与朋友和家人聊天

你觉得情商高的表现是什么？是即使对最熟悉、最亲密的人，也仍然保持尊重和耐心。为此，你怎样对待客户、公司老板，就请以同样的态度对待你的家人和朋友，这才是一个人真正成熟的标志之一。

朋友相处，说话也要讲技巧

当今社会，人与人的沟通交流方式越来越网络化，这就导致很多人和朋友当面的交流越来越困难。如果你忽视一些交谈技巧，很可能就会让你和朋友之间出现问题，甚至是裂痕。这里就列举几种朋友之间的说话技巧。

◎ 朋友间少讲客套话

假如你到一位朋友家里做客，你的朋友对你异常客气，和你说话时，他总是满口客套，唯恐你不欢，唯恐得罪你。虽然说礼多人不怪，但是自始至终都是这般的客气很容易让人坐立不安。

初次会面的陌生人，说几句客气话无可厚非，譬如对方说“倒一杯茶吧”你说“谢谢”，也就够了。但是见了很多次面的朋友，仍然继续说个不停就太不妥当了。比如，朋友替你做了一件小小的事情，你却要说一大串的话：“谢谢你，真对不起，我不该拿这些小事来麻烦你，真让我觉得不好意思，实在太感激了……”想必朋友听见这样的场面话定会觉得不舒服的。

我们常说，谈话的目的在于加深双方的情感。客气话是为了表示你的恭敬或感激，而不是用来敷衍朋友的。如果客气话说得不当，很可能会变成横阻在双方中间的墙，所以一定要适可而止。

◎ 倾听朋友的诉说

朋友相处，是一段共同承担的过程，偶尔需要角色互换，给对方足够的时间，耐心地听听对方的心事。因此，当你的朋友遇到挫折、碰上烦恼时，作为朋友，你要学会真诚、耐心地倾听对方的诉说，并时不时地插上一两句富有情感的安慰话，或是为朋友出出点子、想想法子。

其实，很多时候，当朋友和你分享秘密的时候，他可能并不需要你的答案，只是想找个人分享。这时，你就是为朋友开了一个情感的发泄口，他会觉得有你这样的朋友才是真正的依靠。如此一来，朋友的情感也会慢慢步出沼泽，而你们之间的友谊更是会与日俱增。

◎ 朋友之间也要说“不”

朋友之间常常有事相托相求，这是很正常的事情。但是如果朋友相托相求的事情超出你的原则范围或客观现实，就要区别对待了。

比如，如果朋友有求于你的事情超出了你的能力范围，如果不说明情况予以拒绝，反而会因为事办不成而破坏友情。再者，对于有违你意愿的事，你若是不拒绝，则会影响你与对方交往的情绪。为此，你向朋友说明情况时，首先要让他理解你的难处，可能的话，再尽己所能巧借其他方法帮助朋友完成委托之事。

◎ 扩展相关知识

俗话说“物以类聚”，熟悉同领域的人当然会聚集在一块。假设把喜爱网络游戏的你丢进一些爱运动的人群中，或许没聊几句就互道晚安了。为了和更多其他领域的朋友打成一片，你不妨多用点心，好好研究他们都在聊些什么，或者从网络、书籍等渠道获取更多的资讯，培养更广的兴趣，很快你就能融入群体中。

说话之道 →

朋友就是你娇贵的客人，在温柔的环境中才能开出美丽的花。如果两个人都恶语相向，那么就都会进入自我保护而攻击他人的模式。语言产生隔阂，就换个角度，转个弯，总能把话说得恰到好处。

朋友之间，请别拿吐槽当幽默

现在请你回答一个问题：你是喜欢与直来直去的朋友交往，还是喜欢跟拐弯抹角的朋友交往？想必很多人一定是喜欢前者。是的，在现实生活中，我们更喜欢性格直爽的朋友，期待彼此直来直去，肝胆相照。但是我们的内心又常常陷入深深的矛盾之中——既喜欢跟朋友无话不谈，又讨厌对方直言快语。

刘丽是王倩来这个城市后的第一个朋友。巧的是，两个人是校友，又同在一栋写字楼里上班，一来二往就成了关系非常好的朋友。然而，昔日要好的朋友现在的关系却开始慢慢淡化了，起因是刘丽说话太直接。

一个周末，刘丽带王倩去参加自己的同学会，当然，还有一个重要任务，就是帮王倩挑选一个中意的对象。因为有刘丽在当中调节，所以王倩的感觉还不错，但是刘丽习惯拿王倩的缺点当话题，这让王倩心里还是有点不舒服。

王倩对参加聚会的一个男生有些好感，但是刘丽似乎并没有发现，反倒大大咧咧地说王倩的糗事。看大家笑得很开心，王倩也不好说什么，只得自己给自己打圆场，"我没穿裙子怎么了，你又没告诉我参加同学会必须穿裙子，至于把我说得那么邋遢吗？"

从这之后，王倩就很少主动跟刘丽联系了。

从心理学的角度看，直率是人性中最本质的部分。所谓"童言无忌"，就是我们率直本性的一种真实体现。然而，直率还要分时候、看场合。也许很多人觉得，因为我跟你关系好，所以我可以不分场合地尽情吐槽你；因为我跟你关系好，所以你不可以怪我、指责我，要不然就是开不起玩笑、小心眼。甚至还可以这么说，评价一段友情的质量，就看你能吐槽对方多少，吐槽得越狠，越能说明你们的关系铁。仿佛吐槽朋成了验证友谊是否深厚的一个标杆。

不过，话又说回来，直言快语固然能让人感觉爽快，但是别忘了，你说得太直白，别人就会不爽。你的所谓一针见血的说话方式，只不过是以刺伤别人来满足自己莫名的优越感罢了。

我们常说，万事须讲“度”，这个“度”其实就是分寸。说话也是要讲究一些技巧的，不要总是把直爽当成口无遮拦的借口，直爽并不等于言语毫无顾忌。常言道“祸从口出”，直言揭穿别人的过错就是其中的一大禁忌。说话不分场合，不顾他人，很容易让对方下不来台，滋生对你的怨恨，以后你就多了一个敌人。

与朋友交往时，交流至关重要，不会说话的人总是说：“我这人就是性子直，你别介意啊！”看似直爽的一句话，却常常显得一个人很没修养，极易给对方留下不良的评价、不愉快的感受，甚至是不安全感，从而影响人际交往。

朋友之间偶尔吐槽可以当成润滑剂来调节气氛，但如果总是拿朋友的痛处去当笑料，就是一种缺乏教养的体现。你要知道，不是任何场合、任何时候我们都可以直来直去的，语言其实也是需要包装的，比如说“喂，让开”，就不如说“你好，请让一下好吗”更让人觉得贴心、亲和。

因此，朋友相处，多一份尊重，多一份相互的关怀和理解，学会包装你的语言，不多嘴，不随意批评朋友，会让你们的友情更加和谐。

说话之道 →

说话是一门艺术，会说话不是谄媚术，也不意味着有心机，更不是故意遮遮掩掩绕弯子，而是真诚待人，无论遇到什么情况都不会让对方难堪。学会包装你的语言，你会更惹人喜欢。

表达你对家人的欣赏之意

现如今，我们与家人之间越来越缺乏沟通。我们能跟许久不见的人在一起欢言笑语；但是如果跟家人也想充满活力、妙趣横生地交谈，而且新话题源源不断，那对我们来说，无疑是一种苛求。

和我们最亲近、最亲密的人保持礼貌之所以比较难，是因为我们认为这样对他们是理所当然的。所以，我们在家人面前不会笑得那么热烈，不会分享赞美的言语、欣赏的神情。

于是，很多时候，除了我们最爱的人以外，我们对其他人总是客客气气的，我们对待一天当中所见到的每个人的态度都比晚上回到家对待家人的态度要好。这并不是说我们故意要惹家人不高兴，而是我们忽略了家人，自己还没有意识到。

可以说，许多家庭都深受这个问题的困扰。当我们回到家时，往往会收起笑脸与温柔的话语，这其实是一种神经质的做作，然而，由此所伴随的放肆言行才是令我们与家人的关系变得一点儿都不和睦的原因所在。

彭美和她的丈夫有一双儿女，为了让他们的家庭关系得以改善，他们共同致力于营造正面、肯定的气氛。然而，这个过程并不容易，每当他们做出正面的鼓励时，偶尔也会恢复负面的模式。

事情发生在周三的晚上。依照惯例，他们在公园玩耍。后来，彭美接到一个电话，不得不赶回公司加班，整个人归心似箭。

然而，当她正要离开时，发现两个孩子不见了影踪。她很快地巡视了一遍建筑物，却徒劳无功，换来的只是更大的沮丧与焦躁。最后，彭美发现她的两个孩子正在跟一些朋友玩耍。

在他们即将离开公园时，彭美便开始不停地批评、训斥他们，在跟孩子们的整个交谈过程中，她什么也没做，只有批评。

经过一连串的炮轰后，八岁的珍妮再也忍受不了了，她恼怒地脱口而出："埋怨！埋怨！为什么我听到的只有埋怨，难道就没有好的可以说了吗？"

孩子的话给了彭美当头一棒。"她说得对啊！"在余下的路上，她只讲大家的优点，只说好听的话。

当天晚上临睡前，她请珍妮原谅自己的挑剔。经历了这件事，彭美更清楚地明白，她的孩子需要她向他们不断地表达赞赏，正如她也需要他们的赞赏一样。

得到别人的赞赏是人类重大的渴求。在与我们关系最为亲密的人群中，这种需要会变得更加强烈。研究发现，稳健家庭的重要元素之一，就是家庭成员之间时常互相表达欣赏。

所以，从现在起，你要学会表达你对家人的欣赏之意。你怎样对待你的老板、客户，就请以同样的态度对待你的家人。例如，当家人做了一道特别的点心，剪了漂亮的发型时，你都要对他们表达你的欣赏之意。

你要知道，每个人都有被人欣赏的需要，要想使你和家人的关系更亲密，就应经常表达你对家人的欣赏之意。

说话之道 →

努力发掘家人的优点，培养每天称赞家中成员最少一次的习惯，而不是等你想做的那一刻才去做。

皮肉伤害可以很快愈合，言语伤害则困难得多

在某电视台的某个节目上公布过这样一项调查：成年人对孩提时最幸福的记忆，不是到游乐园玩各种有趣的游戏，也不是收到贵重的玩具，或是一次亲子旅行，而是日常生活中最平凡不过的琐事，例如和家人、朋友一起吃饭、聊天以及看电视。

然而，很多时候，我们对朋友、同事，甚至是陌生人，总是十分的谦恭有礼、知分寸。当我们说出对方喜欢听的话时，就连自己都觉得悦耳动听；如果是对方忌讳的话，我们就会在心里先过滤掉。不仅如此，在表达我们对某件事情的建议和观点时，我们也会选择对方能接受的委婉方式，和气温柔地讲出来。

然而，对于给我们施爱最多、关怀照顾最多、不愿意看到我们受一点儿委屈的家人，我们却常常把自己的耐心与温柔武断地给屏蔽掉了。

Y是某公司的一位女职员，讲话极其温柔，身边的人也因她的温柔性格受益不少。当周围人面对冲突与纷争时，说话往往又急又冲，而Y遇到急事，始终那般温婉，娓娓道来。

为此，周围人总是拿Y当一面镜子，对照自己和她的差距有多大。

后来，同事无意中听到Y接家人打来电话时说的话："真是烦死人了，把您老人家管好就行了。别操心我的事了。"听得出，Y的语气里夹杂着指责、埋怨、不耐烦，还不停地打断对方的讲话，像完全变了一个人似的。

原来前段时间，Y的身体不太好，妈妈很惦记她，于是时不时地给她打电

话，问问她的情况。每次妈妈打来电话，Y总是很急躁。没说两句话，她就不耐烦地把电话给挂断了。

然而，当Y放下电话时，又恢复了接电话前的样子：安宁、温文尔雅。

同事对Y如此迅速的面孔转换感到很不解，昔日的润物细无声哪去了？再一想又觉得或许这就是她生活中真实的一面。在公众场合，就为自己戴上一副温柔的面具，她的声音、体态、处事方式就像化妆一样也一并化了妆。时间久了，大家以为那就是真实的她，她也就应该是那个样子。

“我想和你好好说话”是所有人的期盼，可是，很多时候，我们的察言观色、说话得体，仿佛都是留给外人的，却常常忽视了对父母、对爱人、对孩子的温柔。我们常常不自觉地对亲近的人说出最伤人的话，而这些伤人的语言就像刀子插在心上一样，即使好了也会留下伤疤。

其实，懂得好好说话的家庭，幸福感才是最强的；而那些不幸的家庭，日复一日的争吵和矛盾，多半也是由不好好说话开始的。

丈夫原本只是想让妻子关一盏灯，好放松一下眼睛，然而，一开口却是这样说的：“你开那么多灯干吗？就不知道考虑一下别人！”

妻子本来只是想提醒一下丈夫，外面下雨了，尽快回家，可是，一个电话打过来，却成了质问：“外面下雨了，你怎么还不回家？在干吗呢？”

丈夫本来只是想建议妻子，这条路上直行更安全，可是，话到嘴边却成了：“你怎么随便变道！不要命了吗？万一撞上，责任都是你的，你负得起吗？”

妈妈只是想教育儿子，考试时要更认真和仔细一些，可是，张口却说出这样的话：“你长脑子是干什么用的？这么简单的题都做不对？”

同样的话以简单粗暴，甚至是人身攻击的方式说出来，收获的则是对方的暴跳如雷和拒不行动。相反，若是以礼貌、温和、留有余地和为对方设想的方式说出来，收获的则是对方的感激、体贴、关怀和实际行动。

很多时候，家人因爱而包容我们，我们却无限地放大了自己的任性、尖刻、挑剔和无所顾忌。试想，倘若有一天，你的亲人离你而去，这世间独一无二的爱也走远、消失，再也找不回来，那一刻，我们的心该有多痛、多后悔、多纠结。

所以，从现在开始，请对你的家人温柔地讲话。唯有温柔地面对、温柔地相处，才是我们在有限的、珍贵的时光里，彼此给对方最好的表达爱的方式。

说话之道 →

沟通对于一个幸福美满的家庭至关重要，为此，粗暴的态度，不客气地指责、怨怼，都不应该在我们身上出现。

和孩子有代沟无法聊天，只是没找对方法

家在很多人的观念中是最温暖的港湾，但是在家中产生的矛盾往往也更多。在你的生活中，是否经常出现与孩子激烈地争吵的现象？孩子是不是经常抱怨你不理解他的感受，而你也哀叹他还没有成熟……或许很多人称之为代沟，而有时只是我们与孩子的沟通方式出现了问题。

作家龙应台在她的书中曾这样写道：

我想和他（指龙应台的儿子安德烈）说话，但一开口发现，即使他愿意，我也不知说什么好，因为，十八岁的儿子已经是一个我不认识的人。他在想什么？他怎么看待事情？他在乎什么，不在乎什么？喜欢什么讨厌什么？他为什么这样做那样做，什么使他尴尬什么使他狂热，我的价值观和他的价值观距离有多远……我一无所知。

……

爱不代表喜欢，爱不等于认识。爱，其实是很多不喜欢、不认识、不沟通的借口。

……

这么多的信件，来自不同的年龄层，我才知道，多少父母和儿女同处一室却无话可谈，他们深爱彼此却互不相识，他们向往接触却找不到桥梁，渴望表达却没有语言……

龙应台的这段描述，相信很多父母都不陌生。作为母亲，当你很想跟孩子

交流的时候，却发现自己不知道该聊些什么。孩子虽然坐在你的对面，却始终默默无语，眼睛盯着手机。

现如今，提及与父母的沟通交流，很多年轻人常有这样一些无奈和不满：

“我才不会跟我的爸妈讲，他们根本不会理解我，与其让他们瞎操心，还不如不说。”

“我为什么要跟他们讲？他们当初都没有尊重我的意见，我凭什么要相信他们。”

“他们认为自己永远是对的，我怎么说服得了他们！”

“我感觉和他们探讨我的问题和感受很别扭。”

……

一直以来，我们都在说沟通是和谐关系的基础，是让一切事情顺利运行的润滑剂。然而，在很多家庭里，父母和孩子之间的沟通却显得极其乏味和随意，甚至存在严重障碍。尽管父母有良好的意愿，但仍然无法找到恰当的亲子沟通方式，孩子也往往觉得自己被误解，并对父母的行为感到不解。

其实，很多时候，我们和孩子之间之所以有代沟无法沟通，问题就出在聊天的方法不对。那么，如何和孩子更好地聊天呢？

◎ 从别人的事谈起

为了更多地了解孩子在学校的状况，父母要从别人谈起，这是一个很好的聊天技巧。

家长：“你们班上最调皮的是谁呢？”孩子会回答一个名字。

家长继续问：“他做了些什么事惹老师生气呢？”孩子会很自然地说出这个调皮的孩子所做的一些调皮的事情。

家长：“那老师怎么办？”孩子会说出老师的办法。

接下来，家长可以对老师的办法做一些点评，比如“哇！你们老师怎么这么凶啊？”孩子往往会对此表示赞同或不赞同。

最后，家长要回到正题，“那你有没有被老师凶过呢？”进而了解孩子在学校的情况。不仅如此，家长还可以借机了解孩子对同学们的行为有什么样的看法，平时用什么样的身心状态去处事。

◎ 问“小”不问“大”

与孩子聊天时，建议家长问一些简单、有答案的小问题，而不是抽象、大范围的大问题。因为这些问题简单易懂，孩子通常都会争先恐后地回答，不会感觉到有压力。

比如，如果家长想要了解孩子当天在学校过得如何，不要直接问“你今天在学校过得如何？”或是“你今天在学校做了什么？”这种问题，因为孩子的思维不同于大人，他们很难理解抽象的问题，不妨改问：“你今天在学校上了哪些课？”

当孩子说出英语、语文、自然的时候，你就有机会接着问：“喔！那自然课今天教什么了啊？”孩子就会接着回答你的问题。这样一来，话匣子打开了，聊天就会比较容易，也会持续下去。

◎ 只要倾听，不要说教

任何一段对话，只要沦落到说教，那就没法继续聊下去了。和孩子聊天也一样，最忌讳的就是说教。因此，想让孩子放心地说出心里话，和孩子轻松地聊聊天，很重要的一步，就是多说“你”，少说“我”，这样话题才会源源不断地继续下去。

举个例子，假设孩子今天被某个小朋友给打了，回家后跟妈妈诉说：“妈妈，×××今天打我。”

“哦，为什么？”

“因为我要玩秋千，他不准我玩。”

“那你怎么办？”

“我就去玩别的了。”

“你怎么不告诉老师呢？我不是教过你，别人欺负你就去告诉老师吗？或是你直接跟这个小朋友说，公用的东西大家都可以玩！妈妈不是跟你说过吗？”

如果家长采取的是这种说教式的聊天方式，那么对话至此孩子一定是紧闭双唇，不敢多说一句。相反，明智的家长会选择继续询问：“哦，那你当时心里有没有觉得不舒服？”“如果你还想玩秋千，你该怎么办呢？”

这时，你就会听到孩子真正的想法：“还好啦！我想他先玩也没关系，等他玩完了，我再玩就好了！”“我很生气啊！所以我就跟他说：‘我不跟你玩了！’”

孩子是渴望与大人聊天的，这从他们天真的眼神中就能看得出来，而且，当孩子说出自己的心里话时，对他们来说，也是很大的纾解与快乐。

◎ 不要否定，只要同理心

在处理孩子的情绪问题上，很多家长经常犯的一个错误就是否定孩子的感受，比如，当孩子说“自然课无聊死了”的时候，家长往往会说：“自然课不无聊啊！大自然是多么有趣啊……”只要你这么一说，话题就聊不下去了，因为孩子觉得你并不认同他说的话。

其实，每一个孩子都拥有自己的感受、想法、担心、欲望和需求。如果没有人倾听他的感受，那么，他的感受和情绪很可能就会恶化，结果就是孩子不再信任家长，不会表达他的担心。

为此，你需要以一颗同理心去感受孩子的想法，语调、用词上也要保持中立，比较好的回答方式是：“喔，自然课很无聊啊，那你可以告诉我是什么让你觉得无聊吗？”这样的聊天可以让孩子感觉到你们是“战友”而不是“敌人”，可以帮你了解到孩子更多的需求，进而帮助他解决困难。

说话之道→

家庭需要经营，需要相处智慧，需要良好有效的沟通。跟年幼的孩子聊天时，不论他的话多么幼稚、多么奇怪，你都不要随意乱发笑，而应保持诚恳、一本正经的态度，否则，孩子很容易觉得大人是在嘲笑他，而不愿意继续聊下去。

结语

如果再给我一次机会，我一定可以好好说

说话方面的问题，始终是我们绕不开的话题。或许有些人会觉得不就是张口说话嘛，还要顾虑这么多？其实，对于说话这项几乎人人生来就具备的技能，并非所有人都能掌握得很好。

在互联网大爆炸的时代，人与人的联结实在是太容易，加个微信、QQ、微博……不用见面，不用相识，通过文字、语音，甚至只是发个表情包、红包，彼此就能聊翻天。在互联网上，每一个人似乎都很敢说话，也很会说话。

可是有一天，当你从手机键盘、电脑屏幕、表情包后面，走到真实的沟通情境中时，你又会有怎样的表现呢？你的言语不够流利，你的逻辑不够缜密，可以说，你整个人都是不自信的。

当我们越来越依赖文字、语音、表情包这些表达方式的时候，我们就会越来越失去面对面的说话技能。于是，渐渐地丧失了对说话的兴趣，自然在工作、生活中也错失了很多展示自己的机会。

说话这件事，本就是一个点点滴滴、不厌精细的过程。那些说起话来让我们觉得舒服的人，并不是因为他们的口才有多好，说了什么特别让人开心的

话，而是因为他们认真看待人和人之间的沟通，懂得玩味自己的说话内容和说话方式。

每一次说话都是现场直播，没有重来的机会，“好口才”都是来自“好用心”。只有真正会说话的人，才会用语言完成真正的逆袭。事实上，一个人越能体会和别人的说话之乐，就越能过得好。